LE CHEMIN DE LA RENAISSANCE TECHNO-SOCIO-ÉCONOMIQUE EN RDC ET EN AFRIQUE

Les Impliqués Éditeur

Structure éditoriale récente fondée par L'Harmattan, Les Impliqués Éditeur a pour ambition de proposer au public des ouvrages de tous horizons, essentiellement dans les domaines des sciences humaines et de la création littéraire.

Déjà parus

Lerond (Michel), *Quel foutoir la nature !*, mini-nouvelles, 2016.

Gerhart (Pierre), *Protee I, II, III*, romans, 2016.

Versini (Charles), *Une conversation en montagne*, récit, 2016.

Perret (Jacques-Adrien), *Mémoires d'un cosmos-terrien*, essai, 2016.

Joulain (Marion), *Carnets d'ailleurs*, récit de voyage, 2016.

Aguénounon (Arnaud Éric), *Lumière sur les racines organiques des peurs au Bénin*, essai, 2016.

Urban (Jean), *Fantômes en exil*, roman, 2016.

Verdol (Joëlle), Verdol (Philippe), *La voie de la fusion*, essai, 2016.

Chaput (François), *Hier encore*, récit, 2016.

Legayet (Alexis), *Le greffon sacré*, roman, 2016.

Ces dix derniers titres de ce secteur sont classés par ordre chronologique en commençant par le plus récent.
La liste complète des parutions, avec une courte présentation du contenu des ouvrages, peut être consultée sur le site :
www.lesimpliques.fr

Tongele N. Tongele

Le chemin de la renaissance techno-socio-économique en RDC et en Afrique

Lumumba et Mandela interpellent le continent

Les impliqués Éditeur

Du même auteur

From Congo to Zaire to Congo: Challenges and Prospects for the 21st Century, North Highlands, California, 1997.

Rise and Shine: Resilient People and Immense Resources in the Shadow of Death, Green Ivy Publishing, Chicago, Illinois, 2015.

21 bis, rue des écoles, 75005 Paris

www.lesimpliques.fr
contact@lesimpliques.fr

ISBN : 978-2-343-09914-9
EAN : 9782343099149

SOMMAIRE

RECONNAISSANCE

Les remerciements sont ici adressés à Monsieur Ndolete Gbele Ngoto pour la lecture du manuscrit et les observations faites.

DÉDICACE

En mémoire des civils innocents tués par les forces policières du gouvernement de la République démocratique du Congo (RDC) lors de la marche pacifique du 26 mai 2016.

En mémoire du Révérend Père Vincent Machozi abattu la nuit du 20 au 21 mars 2016 par une douzaine d'hommes armés portant des uniformes de l'armée de la RDC qui ont fait irruption dans le centre appelé « My Beautiful Village », situé au Nord -Kivu bordant le Rwanda et l'Ouganda, où Père Machozi animait une rencontre qu'il avait organisée sur la paix et la réconciliation.

En mémoire du chauffeur de taxi excédé par le harcèlement policier quotidien qui s'est immolé le 28 octobre 2015, à Lubumbashi, province de Katanga, RDC, symbole des millions d'habitants harcelés et abusés quotidiennement avec impunité par les forces policières, agents de sécurité, soldats, milices et rebelles en RDC.

En mémoire de Floribert Chebeya assassiné avec impunité par la force de sécurité du gouvernement de la RDC, symbole des milliers de défenseurs des droits humains, des journalistes et étudiants continuellement humiliés, abusés et assassinés sans autre forme de procès.

En mémoire de plus de dix millions d'habitants de la RDC décimés par les guerres qui leur sont imposées sans qu'ils n'aient jamais eu l'opportunité de mettre en valeur leurs talents techno-socio-économiques.

Aux habitants de la RDC et d'Afrique, victimes des exactions, des arrestations arbitraires, des enlèvements et assassinats par les milices, les rebelles, les forces armées et les forces de sécurité gouvernementales, et qui sont de fait forcés de vivre dans un environnement suffocant et prohibitif du miracle techno-socio-économique.

L’heure de la renaissance techno-socio-économique en RDC et en Afrique a sonné, et rien n’arrêtera son avènement.

INTRODUCTION

Peuple de la République démocratique du Congo (RDC) et d'Afrique, vous êtes incroyablement courageux, créatif, et talentueux. Au milieu des guerres, violences et abus de toute sorte, vous vous efforcez de récupérer ce qui reste de votre dignité ; vous vous efforcez de reconstruire vos communautés et villages détruits ; vous vous efforcez de nourrir vos familles, prendre soin de vos orphelins, veuves et veufs, ainsi que de vos handicapés de guerre. On ne peut qu'imaginer ce que vous seriez en mesure de réaliser s'il n'y avait pas de guerre, et si vous étiez dans un environnement qui permet et encourage la créativité et l'entrepreneuriat. La potentialité est énorme.

La RDC en elle seule a tout ce dont le reste de la planète a besoin pour son avenir : une très large réserve de minerais de toute sorte, une superficie immense de terres fertiles, et l'une des plus grandes forêts tropicales du monde. Les sources d'énergie inexploitées, y compris les hydrocarbures et les sources renouvelables d'énergie, sont immenses.

Il n'y a aucune bonne raison pour la RDC et les pays africains de rester empêtrés dans des conflits armés dévastateurs sans fin, d'être lourdement endettés (dette extérieure) et pauvres. Ce n'est pas normal que les habitants de la RDC puissent habiter une terre fertile et être affamés, et que les enfants puissent souffrir de la malnutrition. C'est immoral et intolérable que les filles et femmes soient abusées et violées à mort avec impunité, et que la majorité des populations puisse sombrer dans l'extrême pauvreté. Il n'y a aucune bonne raison pour les familles dans les villages et les communautés rurales de vivre dans des logis infestés d'insectes qui offrent ni confort ni vie privée. Il n'y a aucune bonne raison pour justifier le manque de transport et, pour la plupart des habitants, de ne jamais voyager au-delà de leurs villages d'origine ou villes les plus proches.

La RDC est dotée de ressources énormes, tant naturelles qu'humaines. Il y a tellement de choses à faire, d'entreprises à créer, d'inventions à réaliser, et de richesses à créer que le monde entier qui observe la RDC se demande en ces termes : « qu'est-ce que ces Congolais sont en train de faire ? Pourquoi s'entretuent-ils au lieu d'inventer, de créer des entreprises, de se développer, d'émerger et faire émerger l'Afrique ? »

En fait, la RDC devrait être parmi les grands producteurs et exportateurs de biens, de services, d'énergies et de technologies sans pollution dans le monde entier.

L'heure du miracle techno-socio-économique en Afrique a sonné. Il s'agit en premier lieu pour les habitants des pays africains de se doter des leaders et dirigeants qui sont crédibles, compétents et honnêtes, qui parcourent les villages et milieux ruraux, villes et campagnes, pour conscientiser et mobiliser les populations pour la cause de la paix, de la stabilité, et du développement. C'est le premier pas pour commencer à réaliser le miracle démocratique, économique et industriel en Afrique.

Classe politique, dirigeants et leaders de la RDC, l'heure a sonné pour vous de faire ce qui est juste et vrai. C'est sous vos yeux que les guerres, abus, viols, vols, et exactions des habitants de la RDC ont lieu chaque jour. C'est sous vos yeux qu'environ dix millions de vos habitants ont été décimés par les guerres. Vous avez maintenant le défi et l'occasion de démontrer au monde ce que vous êtes capables de faire en tant que leaders de la RDC. Le monde entier vous observe. L'histoire vous jugera sans pitié si vous continuez à opprimer votre peuple, et à le condamner à vivre une vie de misère et de peur constante sans jamais se sentir libre de développer ses talents. Si vous permettez à votre peuple d'exercer ses droits fondamentaux parmi lesquels se trouve le droit de choisir librement et sans contrainte ses leaders à travers élections pacifiques et transparentes, si vous luttez contre la corruption et créez un environnement favorable à la renaissance techno-socio-économique, alors vous serez non seulement honorés mais aussi pardonnés pour vos parts de crime et complicité dans la misère de votre peuple. Vous êtes bel et bien conscients de votre part de responsabilité dans la souffrance de votre peuple. Mais si vous vous entêtez pour rester au pouvoir à tout prix, le sang des innocents que vous avez déjà versé, et les âmes des innocents qui seront victimes de vos manigances vous poursuivront jusqu'à la mort. En conséquence, vos cœurs et vos âmes ne reposeront jamais en paix jusqu'à ce que justice soit faite de votre vivant sur terre et devant l'Éternel.

Leaders africains, futur leaders africains, Lumumba et Mandela vous interpellent. Apprenez les leçons de l'histoire. Vous n'êtes pas les premiers et ne serez pas les derniers à être dirigeants et leaders en Afrique. Être président de la République, être ministre, gouverneur, sénateur, parlementaire, général ou commandant de l'armée ou de la police, etc., c'est un service pour le bien de la nation. Ce n'est pas un moyen pour s'enrichir par corruption, détournements et vols. Ceux et celles avant vous qui se sont crus tout puissants ont fini par quitter le pouvoir ; mais de quelle façon ? Que ceux qui ont des oreilles pour entendre entendent. Que ceux qui ont le cœur pour reconnaître et accueillir la vérité le fassent. Que ceux qui ont la volonté de mettre la vérité en pratique le fassent et ils seront sauvés.

Ce livre apporte au peuple de la RDC et d'Afrique une vision pour réaliser le miracle techno-socio-économique. Cette vision qui découle des visions de Patrice Lumumba et Nelson Mandela montre le chemin de la renaissance techno-socio-économique en RDC et en Afrique. C'est une nouvelle vision qui va stimuler les connaissances et capacités des habitants des villages et villes afin qu'ils soient en mesure de se faire des latrines propres pour éviter des maladies qui résultent des latrines sales ; de se doter des eaux potables saines et éviter des maladies qu'on attrape en consommant des eaux contaminées ; de se construire des maisons décentes et propres adaptées au climat et à l'environnement du milieu.

Cette nouvelle vision va promouvoir la formation d'électriciens et techniciens au niveau des villages, milieux ruraux et urbains pour qu'ils puissent résoudre le problème de la crise chronique d'électricité dans les pays africains. Par exemple : la RDC a beaucoup de sources d'énergie mais elle manque des compétences pour inventer et fabriquer des outils, des techniques et méthodes de production et distribution d'électricité. Il s'agit de promouvoir la formation d'ingénieurs praticiens afin qu'ils puissent créer des entreprises pouvant transformer les matières premières en produits finis ou semi-finis sur place. Ces ingénieurs fabriqueront des fils électriques, des ampoules, des interrupteurs et transformateurs, des ordinateurs, des téléphones, des appareils photographiques, des panneaux solaires, des appareils électroménagers, des pièces de rechange de voitures et d'avions, et pourquoi pas fabriquer ces voitures et avions sur place ? La vérité est que toutes les matières premières utilisées pour la fabrication de ces produits finis viennent aussi de la RDC et d'autres pays africains, mais que la RDC et les pays africains n'investissent pas dans leur jeunesse talentueuse qui développerait les connaissances et les habiletés nécessaires pour fabriquer ces mêmes produits finis sur place.

Avec la nouvelle vision, les jeunes vont développer leurs talents, devenir producteurs et exportateurs des produits finis et semi-finis. Comment ? La nouvelle vision montre qu'il faut mettre sur pied des programmes pour stimuler les inventions et la créativité au niveau des villages, communes et villes ; qu'il faut encourager les jeunes filles et jeunes garçons à créer des entreprises pour faire des chemins de fer et locomotives sur place. Ces jeunes vont être équipés des connaissances pratiques nécessaires pour créer des entreprises capables de tracer des routes, construire des ports et aéroports, etc. Il faudra aussi mettre sur pied et promouvoir des programmes pour former des médecins praticiens généralistes et spécialistes, ainsi que des pharmaciens pour offrir des services de santé de bonne qualité au niveau des villages, milieux ruraux et urbains, et à travers tout le continent. Ces agents médicaux bien formés vont développer des techniques médicales et des médicaments à base des ressources naturelles locales abondantes, et créer des centres médicaux de recherche et de traitement de toutes les maladies. La nouvelle vision stimulera la collaboration avec la communauté internationale pour former une armée d'ingénieurs, de médecins, pompiers, pilotes, etc., une armée moderne respectable et respectée en Afrique pour contribuer efficacement à l'avancement de la paix et de la stabilité en Afrique et dans le monde.

Patrice Lumumba et Nelson Mandela en appellent à la conscience des habitants de la RDC et d'Afrique. Le moment est venu de rejeter la peur. Le moment est venu pour les policiers et soldats de refuser l'ordre de disperser, frapper, opprimer et tuer les manifestants innocents simplement parce que les leaders qui sont à la fin de leurs mandats veulent demeurer au pouvoir illégitimement. Le moment est venu de doter la RDC et l'Afrique de leaders crédibles, compétents et honnêtes, déterminés à respecter et faire respecter les droits fondamentaux de l'homme et la dignité humaine pour toutes les tribus et tous les groupes ethniques. L'heure a sonné de briser avec la corruption endémique dans les institutions nationales. L'heure a sonné pour les habitants de la RDC de reconnaître qu'ils ont beaucoup en commun. En fait, les habitants de la RDC, de quelque tribu que ce soit, ou de quelque province que ce soit, partagent les mêmes souffrances et les mêmes espoirs. L'heure a donc sonné pour les habitants de la RDC de dialoguer, de se réconcilier, et ensemble travailler avec la nouvelle vision pour développer leurs potentialités et talents énormes afin de contribuer au bien-être et à l'enrichissement des uns et des autres. L'heure a sonné pour les habitants de la RDC et d'Afrique de bien gérer leurs différences culturelles afin de s'apprécier et s'enrichir les uns les autres.

Ce livre présente un chemin à parcourir pour mettre sur pied des institutions qui ne doivent ni tolérer, ni encourager des atrocités perpétrées par les uns contre les autres. Les institutions nationales ne doivent ni jouer ni pratiquer une politique qui valorise une tribu ou un groupe ethnique par rapport un à autres ; car cela crée un environnement qui divise, un environnement piégé et susceptible de s'enflammer à tout moment. Les institutions nationales doivent ouvrir de nouveaux horizons, stimuler la réflexion, encourager les habitants de la RDC et d'Afrique à développer l'esprit de dialogue, de reconnaissance de leurs responsabilités, et surtout à avoir le cœur de conversion et de réconciliation pour le bien commun de tous, car il y va de l'avenir des enfants et des générations futures. Ainsi, la RDC et l'Afrique seront habilitées et préparées à collaborer avec la communauté et les organisations internationales pour bâtir des institutions capables, fiables et transparentes pour la paix et la stabilité. Le miracle démocratique, économique et industriel de notre siècle prendra ainsi racine en RDC et en Afrique, et l'économie mondiale en bénéficiera énormément.

I
NELSON MANDELA : MESSAGE AU PEUPLE DE LA RDC ET D'AFRIQUE

Que sert-il à quelqu'un de se diminuer pour vivre une petite vie en deçà de la vie dont on est capable de vivre ?

— Nelson Mandela

La tragédie ultime n'est pas l'oppression et la cruauté par les mauvaises personnes, mais le silence (et l'inaction) des bonnes personnes.

— Martin Luther King jr.

1. Introduction

Nelson Mandela est mondialement reconnu pour son dévouement au service de l'humanité dans les domaines de la résolution des conflits, des relations raciales, de la promotion et de la protection des droits de l'homme, de la réconciliation, de l'égalité des hommes et des femmes, de la défense des droits des enfants et autres personnes vulnérables, de la promotion des pauvres et des communautés sous-développées. Nelson Mandela a montré la voie pour la paix et pour un monde meilleur. Peuple de la RDC et d'Afrique, écoutez la voix de ce héros, votre fils, que vous avez donné au monde.

2. Changez vos cœurs afin de changer le monde

Nelson Mandela interpelle chacun de nous en ces termes : tu peux changer ta vie, et tu peux changer le monde. C'est à toi de changer le monde en toi et autour de toi. Peuple de la RDC, vous vous entretuez, vous êtes complice des guerres qui vous sont imposées. C'est vous qui violez vos femmes et vos filles. C'est vous qui tuez les populations civiles, y compris les enfants et les personnes âgées. C'est vous qui truquez les élections et voulez changer la constitution pour vous maintenir au pouvoir illégitimement. C'est vous qui détournez l'argent qui devrait aller dans le Trésor public pour réaliser des grands travaux de développement. C'est donc vous qui devez changer vos cœurs, vos habitudes et pratiques, et ainsi changer le monde en vous et autour de vous.

Pourquoi détruisez-vous votre pays, votre peuple, votre terre, vos habitats, et les uns les autres ? Vous vivez dans un pays qui est incroyablement riche en ressources naturelles. La RDC dispose de gisements énormes d'or, de diamants, de cuivre, de cobalt, d'uranium, de coltin, de fer, de pétrole, et la liste est longue. La RDC contient une très grande biodiversité : de puissantes rivières, d'abondantes forêts tropicales, et une immense terre fertile. La potentialité agricole de la RDC est énorme et ses produits agricoles pourraient nourrir une grande partie de l'Afrique. Les ressources d'énergie en RDC pourraient alimenter une grande partie de l'Afrique en électricité.

Mais voilà que ce pays est déchiré par des conflits armés qui ont décimé déjà environ dix millions des personnes, et la population de la RDC croupit dans l'extrême pauvreté. Les étudiants terminent les études pour entrer directement au chômage. La vie des jeunes est presque sans avenir, sans espoir, c'est de l'amertume pure et simple. Soyez sérieux, peuple de la RDC. Soyez sérieux, dirigeants et gouvernants de la RDC. Soyez sérieux et arrêtez de feindre de ne pas savoir que la RDC souffre. Ce pays aux immenses richesses ne mérite pas d'être dans la situation tragique de misère où il se trouve. Vous pouvez et devez changer vos cœurs, vos habitudes et pratiques, et ainsi changer le monde en vous et autour de vous. Vous en avez le pouvoir, si vous avez la volonté de changer. Commencez maintenant, non pas demain ou plus tard, à être vrais avec vous-mêmes. Changez vos cœurs, et transformez-vous afin de transformer votre beau pays en terre de succès techno-économique pour votre peuple, pour l'Afrique et pour le monde.

3. Éliminer la pauvreté n'est pas de la charité, c'est un acte de justice

C'est connu du peuple de la RDC et du monde entier qu'en RDC, les membres du gouvernement, les commandants et officiers militaires, les membres de l'exécutif, du législatif et du judiciaire, les groupes armés, etc., tant au niveau national que dans les provinces, sont là pour s'enrichir par tous les moyens nécessaires pendant que les populations croupissent dans la misère. Ne pas reconnaître cette réalité, c'est être malhonnête ou se faire simplement des illusions. En RDC, les soldats, policiers et agents de sécurité, milices, rebelles, tous intimident les populations civiles, violent les femmes et filles, prennent par la force les biens des gens, et tout cela avec impunité. Ceci est bien connu non seulement de tout le monde en RDC, mais aussi bien documenté par les organisations internationales. C'est aussi bien connu et documenté que les défenseurs des droits humains, les journalistes, les étudiants, et tous ceux qui rejettent la culture perverse de corruption, d'intimidation et d'assassinat par les groupes armés, milices et parasites gouvernementaux, sont continuellement menacés ; certains sont arrêtés et emprisonnés, d'autres sont carrément enlevés et tués. Comment la RDC peut-elle réaliser le miracle techno-économique dans un tel environnement d'intimidation et d'oppression ?

Peuple de la RDC, sachez que votre pays est très riche et qu'il y a assez de richesses pour assurer le bien-être de chaque citoyen. En vérité, il ne faut pas nécessairement être ministre, gouvernant, général d'armée ou commandant de la police pour s'enrichir (par détournements, vols, intimidations, exactions ou prédations de tout genre). La RDC a suffisamment de richesses pour tous ses habitants ; tout ce dont la DRC a besoin c'est d'un environnement de paix et stabilité pour permettre aux populations de se sentir libres et de travailler afin de s'enrichir par les travaux de leurs mains, mais pas que les uns puissent s'enrichir sur le dos des autres par prédations et vols. Il s'agit donc de créer des conditions sociopolitiques favorables où chacun peut travailler sans crainte ni contrainte de qui ou de quoi que ce soit afin d'améliorer les conditions de sa vie, de sa famille, de sa communauté et du pays tout entier.

Ceci exige que tous les habitants de la RDC, surtout ceux qui détiennent le pouvoir politique, que tous puissent honnêtement et sincèrement travailler ensemble dans un climat de respect mutuel pour entreprendre les changements nécessaires pouvant conduire aux opportunités de développement économique pour tous. La passation pacifique du pouvoir d'un leader à un autre, d'un groupe de leaders à un autre, d'une génération à une autre, est très importante. C'est aussi très important que les institutions gouvernementales soient assainies pour fonctionner sans corruption. Ces institutions gouvernementales devraient et doivent être des instruments pour promouvoir et soutenir les efforts des populations pour créer, inventer, innover et se développer. Elles ne devraient pas et ne doivent pas étouffer les efforts des populations par bureaucratie et corruption. Elles doivent servir l'intérêt des populations et répondre aux besoins des populations pour l'éducation et la formation professionnelle ; encourager les sociétés civiles à toujours faire entendre leur voix afin de renforcer la bonne gouvernance.

Un pays ne se développe pas avec des dons : dons de l'étranger, don du président, don du ministre, don de ceci, don de cela. Non. Le développement économique n'est pas un acte de charité, c'est le résultat du travail humain ; c'est un droit fondamental de l'être humain qui est une créature créatrice. Tout le monde est d'accord avec Mandela que tant que la pauvreté, l'injustice et l'inégalité persistent dans notre monde, personne ne devrait vraiment se reposer, vivre calmement comme si tout allait bien. La question devient alors brûlante : comment peut-on avoir la paix quand un petit nombre de gens, par les armes ou par voie des institutions gouvernementales oppressives, vit dans l'opulence pendant que la majorité des gens est opprimée et languit dans la misère ?

Une société égalitaire est un idéal intenable tout comme une société avec une élite dans l'opulence opprimant et maintenant une grande majorité des gens dans la pauvreté est intenable. Une nation fonctionne bien quand les gens, au lieu de s'entretuer les uns les autres, travaillent les uns avec les autres pour faire face à des défis socio-économiques et politiques, et ensemble trouver des solutions appropriées aux crises et problèmes qui émergent. Cela exige un engagement de tous et de chacun. Mandela exhorte les habitants de la RDC, et surtout les dirigeants de la RDC, à se poser les questions suivantes : dois-je répandre la haine ethnique pour mon intérêt politique et économique, ou dois-je promouvoir l'harmonie, la paix et la réconciliation pour l'intérêt de tous ? Dois-je acheter des biens volés ou dois-je aider à réduire la criminalité, les abus et les corruptions ? Dois-je attendre que tout me soit donné ou dois-je faire de mon mieux pour travailler et créer une vie meilleure pour moi, ma famille et ma communauté ? Dois-je soudoyer ou réclamer des pots-de-vin ou dois-je vivre honnêtement ? Dois-je m'éterniser au pouvoir par tous les moyens, y compris changer la constitution du pays, ou dois-je servir le peuple dans les limites constitutionnelles ? Dois-je utiliser mon pouvoir ou mon autorité pour contraindre les gens à faire ma volonté, à m'enrichir, ou dois-je utiliser le pouvoir pour servir le peuple ? Est-ce que je me préoccupe vraiment des gens qui souffrent dans mon pays ou suis-je indifférent sous prétexte que ceux qui souffrent sont des paresseux ou que je ne peux rien pour changer une situation qui a existé bien avant moi ?

Éliminer la pauvreté n'est pas un choix à faire ou à laisser, ce n'est pas un acte de charité, c'est un acte de justice, et cela va des droits fondamentaux de l'homme, droits à la dignité à une vie décente. Aussi longtemps que la pauvreté persiste en RDC, il n'y a pas de vraie liberté. La condition préalable à la paix, la sécurité et la stabilité, c'est que tout un chacun réussisse économiquement et soit en mesure de se nourrir, se vêtir, s'occuper de sa famille, et de sa communauté sans crainte ni contrainte. À ce sujet, il y a beaucoup à faire en RDC et en Afrique, et le chemin à parcourir est long. Mais l'heure a sonné de commencer la marche immédiatement.

4. Sans opportunités économiques, il n'y a pas et il n'y aura pas de paix

Des décennies de guerres ont conduit à des dévastations, destructions et pauvretés incroyables en RDC. La paix recherchée en RDC n'est pas seulement l'absence de guerres. C'est la création d'un environnement où tous peuvent vivre, travailler et prospérer ensemble, sans distinction de tribu, groupe ethnique, croyance, religion, sexe, classe sociale, ou d'autres facteurs sociaux qui différencient les personnes. Religion, ethnicité, langue, pratiques socioculturelles sont des éléments qui enrichissent la civilisation humaine. En d'autres termes, la diversité entre les personnes constitue de la richesse pour le peuple de la RDC et pour l'humanité. Peuple congolais, pourquoi vous entretuez-vous sous prétexte des différences claniques, culturelles, ethniques ou tribales qui, en fait, constituent plutôt une richesse pour votre pays et pour l'humanité entière ? Toutes ces guerres et tueries insensées diminuent notre humanité commune, entravent tout effort qui permettrait de créer un environnement de développement économique dans le pays et dans la région.

Le XXIe siècle est caractérisé par des réalisations économiques et technologiques extraordinaires. Mais il y a encore trop de discorde, de haine, de conflits armés, de violences et de pauvreté extrême en RDC ; et cela bien qu'il y ait ce progrès économique et technologique remarquable dans le monde. Les populations de la RDC rêvent de vivre dans la dignité et la prospérité économique comme tout le monde. Ce rêve doit devenir une préoccupation fondamentale et un objectif ultime pour les dirigeants politiques de ce pays. Toutes les institutions gouvernementales et nationales doivent poursuivre l'accomplissement de ce rêve du peuple congolais. Les héros sont ceux qui travaillent pour la paix et la prospérité pour tous. Ce rêve pour la prospérité économique et le bien-être matériel dépend de l'environnement de paix et de stabilité en RDC. Mais la paix et la stabilité ne peuvent être obtenues qu'à travers la résolution pacifique des conflits, à travers le dialogue, la compréhension mutuelle, la justice et la réconciliation. La paix ne peut pas venir d'un environnement où les dirigeants et les institutions sont injustes, corrompus, et complices de la violence. Les dirigeants et les institutions doivent rejeter les pratiques de mauvaise gestion, de corruption, d'instigation de conflits, et devenir l'exemple de leaders qui inspirent et motivent les populations à faire preuve de tolérance, d'innovation et d'entrepreneuriat pour créer des richesses pour soi-même, sa famille, sa communauté et la nation.

5. Paix, réconciliation et développement exigent de l'engagement et du sérieux

Paix, réconciliation et reconstruction nationale resteronnt pieuses intentions ou paroles creuses si elles ne sont pas fondées sur l'engagement, le sérieux, et un effort concerté pour éliminer les racines réelles des conflits et des injustices.

Il est très possible de réaliser dans un plus bref délai du succès économique en RDC, vu les ressources énormes tant naturelles qu'humaines dont dispose ce pays. Les populations congolaises de tous les horizons : clans, tribus et ethnies, dans les villages ou les villes, ont un désir profond pour une vie meilleure. Ces populations rejettent la médiocrité de la vie présente et sont prêtes à embrasser un style de vie nationale qui promeut la justice, le respect des uns des autres, le respect des droits et libertés nécessaires pour la création d'un environnent favorable à la créativité, à l'innovation et au développement. La paix, la réconciliation et le développement national signifient, entre autres, que les gens doivent savoir et connaître la vérité sur les injustices et atrocités commises ; et les responsables de ces atrocités doivent accepter de s'engager dans un processus de réparation des atrocités commises et demander pardon. Une telle démarche démontrera aux yeux du monde entier que la justice en RDC fonctionne. Et, en même temps, cette démarche de justice soulagera ceux et celles qui ont été, ou qui sont, victimes de ces injustices et atrocités du passé et du présent. Ainsi tous peuvent sérieusement entamer le processus de pardon, de réconciliation et de reconstruction nationale. Voilà pourquoi la paix, la réconciliation et le développement national resteront des vœux pieux s'ils ne sont pas fondés sur un effort concerté pour éliminer les racines réelles des conflits et des injustices.

Le processus de paix, réconciliation, reconstruction et développement doit absolument prendre en compte, et être fondé sur, l'intérêt et les préoccupations des populations de la RDC. Ce processus n'est pas quelque chose d'idéaliste ou de philosophique que l'élite se met à huis clos pour décider, rédiger et imposer au peuple congolais. Ce sont plutôt la volonté, les souhaits et les désirs des populations congolaises longtemps opprimées qui doivent être traduits en programmes d'action pour la paix et la reconstruction nationales. Vu la réalité du passé et du présent, le monde a été et est très sceptique et doute de la capacité des habitants de la RDC, et surtout de la sincérité des belligérants, à s'engager sérieusement pour réaliser la paix, la réconciliation et le développement. En effet, les belligérants signent un accord de paix et violent les termes de cet accord le même jour. Les belligérants exploitent les différences culturelles des tribus pour inciter les tribus aux conflits et à la destruction les unes d'autres. À cela s'ajoute l'exploitation illégales des ressources naturelles de la RDC par le réseau international des criminels économiques qui prolifèrent et fournissent des armes que les belligérants utilisent pour intimider, abuser et tuer les populations civiles.

La vérité à connaître, la vérité que tous doivent reconnaître, c'est que les diversités claniques, tribales et ethniques, les diversités culturelles ou religieuses, ne conduisent pas les gens à se combattre et à se détruire les uns les autres par les armes. Ces diversités ethniques, culturelles ou religieuses n'opposent ni ne divisent les gens. Il n'y a en vérité qu'une et qu'une seule division parmi les gens de la RDC : c'est la division entre ceux qui chérissent la liberté, la démocratie, la justice, la réconciliation, et le développement économique pour tous d'une part, et d'autre part ceux-là qui ne chérissent pas la liberté, la démocratie, la justice, la réconciliation, et le développement économique pour tous parce que la situation présente des conflits armés et du chaos leur profite énormément.

Les populations de la RDC veulent voir leur pays prospérer dans tous les domaines. Les citoyens congolais désirent vivre dans la dignité et le bonheur. En fait, il n'y aura pas de vraie liberté, de vraie démocratie tant que les populations n'arriveront pas à subvenir à leurs besoins fondamentaux par les travaux de leurs mains : à savoir, se nourrir, se vêtir, se soigner, éduquer et scolariser leurs enfants, voyager librement à travers le pays et à l'étranger pour raisons d'affaires ou de tourisme, et se sentir fières du bon fonctionnement de la RDC. Personne ne peut douter de la stabilité que le développement et le progrès économiques apportent. En corollaire, la stabilité est l'un des instruments les plus puissants de développement qu'une nation peut avoir. Par conséquent, les citoyens congolais sont invités à s'impliquer dans un processus où la justice et la réconciliation pourront conduire à la reconstruction et au développement de ce pays aux immenses ressources naturelles. Le contraire conduirait inexorablement la RDC et ses populations à l'autodestruction.

6. Conclusion

Mandela avertit les habitants de la RDC et d'Afrique que l'ennemi du dialogue, de la justice et de la réconciliation, de la démocratie et du développement, n'est pas nécessairement l'autre camp ; ça peut bel et bien être dans son propre cœur épris d'avarice, dans sa propre pensée aveuglée par l'idéologie de rester au pouvoir à perpétuité, ou dans son propre entourage. Chacun en RDC doit se poser la question suivante : ai-je fait tout ce qui est en ma capacité ou en mon pouvoir pour entrer en dialogue avec mon ennemi, comprendre que les autres tribus ou groupes ethniques ne sont pas mes ennemis, demander pardon pour mes fautes, m'impliquer pour la paix et la prospérité dans mon village, villages voisins, et villes de la RDC ?

Habitant de la RDC, que tu sois président, ministre, gouverneur, général de l'armée ou de la police, étudiant, fonctionnaire de l'État, chômeur, etc., tu peux marcher dans le sillage de Nelson Mandela pour la paix et la réconciliation, pour la reconstruction nationale et la prospérité économique pour tous, et ainsi devenir un citoyen exemplaire. Tu peux aussi croire en la justice et l'égalité humaine et travailler pour l'avènement de la justice et de l'égalité dans ton village, dans le village voisin, dans les villes et partout en RDC. Peuple de la RDC, vous n'avez qu'un seul choix : vous réconcilier les uns les autres, et travailler sans relâche pour la paix et la dignité humaine en RDC, car le contraire sera l'autodestruction et la destruction catastrophique de la RDC comme l'on n'a jamais vu dans l'histoire de ce pays.

II
PATRICE LUMUMBA : MESSAGE AU PEUPLE DE LA RDC ET D'AFRIQUE

Les baleines appartiennent au grand océan,
Les aigles appartiennent au ciel ouvert,
Les populations de la RDC appartiennent à un pays ouvert et libre.
Les baleines ne peuvent pas survivre dans des petits ruisseaux,
Les aigles ne peuvent pas survivre dans des cages,
Les populations de la RDC ne peuvent pas survivre dans un pays répressif.

1. Au peuple de la RDC

Vous êtes un peuple pacifique, un peuple d'artistes et de musiciens, un peuple talentueux. Vous avez gardé votre dignité au milieu des atrocités et souffrances extrêmes dues aux multiples guerres dont vous êtes victime. Vous avez été soumis à des tortures, viols, et massacres ; vous avez connu des millions de morts ; mais vous gardez votre dignité de peuple congolais. Le sang et la vie de vos filles et fils abattus et massacrés injustement constituent un sacrifice rédempteur pour le cœur de l'Afrique et pour le monde, et il restera à jamais un puissant témoignage contre le mal qui est dans le cœur des gens et dans le monde.

1.1 La jeunesse

Les maux, les médiocrités, l'égoïsme et les atrocités que vous voyez autour de vous ne sont pas comparables à l'excellence qui est en vous. Vous êtes intelligents et capables ; vous pouvez faire de grandes réalisations, inventer des choses sophistiquées, si seulement on vous place dans un environnement propice. Vous êtes des baleines et des aigles ; vous appartenez au grand océan et au ciel ouvert ; vous appartenez à un pays ouvert et libre ; vous n'êtes pas le moindre dans le monde. Vos souffrances actuelles sont le reflet d'une société en faillite, et non pas le reflet de ce que vous êtes, ou de ce que vous pouvez réaliser ou devenir.

Vous êtes non seulement des leaders de demain, mais aussi des partenaires d'aujourd'hui. Vous êtes des acteurs sociaux du changement et du progrès. Votre énergie est inégalable, et c'est grâce à cela que vous êtes en mesure de survivre dans une société qui entrave votre croissance. Votre nation vous a déçus ; votre nation ne vous a pas donné l'orientation, l'infrastructure et l'environnement que vous méritez et dont vous avez besoin pour faire valoir vos énergies, développer vos compétences, et réaliser vos espoirs et vos rêves. Votre nation ne vous a pas donné un système éducatif approprié, ni d'exemple moral, ni d'orientation éthique, ni de modèle positif de leadership. Mais en vous-mêmes se trouvent l'énergie, la créativité, l'imagination et la force intérieure pour vous libérer de l'ignorance, de l'intolérance, du tribalisme, de l'égoïsme, et des tendances de corruption qui vous bombardent de tous côtés. En vous se retrouve l'énergie pour voler comme des aigles dans l'espace entrepreneurial, l'espace de la science et de la technologie. Vous êtes capables de faire rebondir le progrès de votre nation et faire du monde un endroit où il fait beau vivre. Regardez votre nation, riche et misérable, une nation riche en faillite. Ne considérez surtout pas l'état actuel d'échec de votre nation comme un modèle à suivre, mais plutôt regardez cela comme un modèle de ce qu'il ne faut jamais faire.

Aspirez au succès et au pouvoir sociopolitique et économique comme étant le résultat d'une vie de travail honnête. Aspirez à diriger le système judiciaire de votre nation pour en faire un modèle d'équité et d'incorruptibilité. Aspirez à diriger la législature de votre nation pour en faire un modèle d'intégrité et de vision pour un meilleur futur. Aspirez à devenir des organisateurs et leaders dans vos communautés pour éduquer les gens dans vos villages, villes et nation, afin que les gens s'élèvent à un niveau de vie caractérisée par l'honnêteté, le savoir-faire, le respect d'autrui, la prospérité et l'hygiène. Aspirez à devenir entrepreneurs, chercheurs et innovateurs scientifiques afin d'inventer des solutions efficaces à de nombreux problèmes auxquels votre nation est confrontée. Aspirez à devenir des professeurs, des médecins, des écrivains, des penseurs, des artistes, et des motivateurs qui prêchent par exemples, paroles et actions.

1.2 Éducateurs, écrivains et penseurs

Les éducateurs, les penseurs et les écrivains ont traditionnellement assumé le rôle de porteurs de lumière qui éclaire la société. Ils observent les défauts de la société, développent et présentent de nouvelles idées de ce qui devrait être. Ils développent de nouvelles idées sur le gouvernement, sur la gouvernance responsable et adéquate, sur l'économie, et sur les pratiques religieuses ; ils présentent à la société des propositions et des méthodes pratiques pour l'amélioration des conditions de vie sociale comme aussi la réforme de la société pour le bien de tous. Les éducateurs, les penseurs et les écrivains continuellement remettent en cause ce qui est, présentent à la société ce qui peut être et ce qui peut se faire ; pour eux, peu importe la qualité de la situation actuelle, on peut toujours faire mieux. Les éducateurs, les penseurs et les écrivains croient en la pensée humaine, à sa potentialité et à sa capacité créatrice et novatrice ; ils croient que les gens, en faisant usage de leurs capacités intellectuelles et de leurs écrits, peuvent trouver des réponses aux questions brûlantes du moment, et des solutions aux problèmes fondamentaux de la vie.

Pourquoi donc êtes-vous silencieux, vous les éducateurs, les penseurs et les écrivains de la RDC ? Pourquoi avez-vous abandonné votre rôle traditionnel et naturel de critique de la société ? Où sont vos idées, vos propositions pour une meilleure société ? Vous êtes censés discuter et lutter pour la liberté politique, sociale et économique. Vous êtes censés être promoteurs et innovateurs du système d'éducation formelle. Une nation ne se développe que par rapport au niveau de développement de son système éducationnel. L'éducation dans la société moderne est l'instrument qui lance une nation dans le monde de la science et de la technologie, avec l'espoir de promouvoir l'être humain pour le mieux.

L'éducation appliquée à la réalité quotidienne des populations engendre des innovateurs et inventeurs qui créent des techniques, machines et systèmes pour améliorer les conditions de vie. L'éducation appliquée engendre des entrepreneurs qui stimulent le développement socioculturel et économique, et des scientifiques qui mobilisent les gens à la protection de l'environnement. En effet, l'éducation dans la vie d'une nation est le fil conducteur de l'industrialisation et la fondation de la régénération morale pour la renaissance du peuple. Aucune nation ne connaît un développement qui dépasse le niveau de son système éducationnel.

Éducateurs, penseurs et écrivains de la RDC, pourquoi avez-vous déçu votre nation, votre jeunesse, et votre peuple ? Vous devez revenir sur votre vrai rôle dans la société, être qui vous êtes ou devriez vraiment être. Vous devez jouer votre véritable rôle de penseur, de critique et promoteur d'idées nouvelles de ce que la RDC peut et doit être. Si vous jouez votre véritable rôle, vous inspirez la jeunesse. Si vous jouez votre véritable rôle, vous éclairerez le pourquoi de la tension constante entre continuité et changement, nécessaire en somme pour une société saine. Si vous jouez votre véritable rôle, vous guiderez la RDC à embrasser le changement et l'innovation sans crainte, à s'ouvrir aux nouveautés, aux créativités, et à l'intégration des connaissances à tous les niveaux de la société. Si vous jouez votre véritable rôle, vous préparerez les jeunes à gérer avec confiance et optimisme les nombreuses incertitudes et crises qu'ils traversent dans la vie. Si vous jouez votre véritable rôle, vous influencerez la pensée et les actions de ceux qui contrôlent les institutions gouvernementales et vous les rendrez plus souples et plus réceptifs aux idées innovatrices souvent redoutées, opposées et même détruites par ceux-là qui sont au pouvoir.

Il est déplorable et même lamentable de constater que, dans les universités en RDC, les étudiants et leurs parents sont devenus des sources de revenus sinon de paie, pour les professeurs qui se rabaissent dans la pratique de vente de syllabus et de notes, plutôt que de revendiquer leurs justes rémunérations au gouvernement et/ou au ministère de tutelle. Et pire encore : on voit des professeurs d'université à Kinshasa, la capitale de la RDC, faire la louange du pouvoir politique en place sur l'antenne de la Radio et Télévision Nationale, avec le seul espoir de recevoir en contre- partie des miettes de la table de ce pouvoir pour nourrir leurs familles. Cela montre le niveau de bestialisation auquel le pouvoir politique en RDC a mis l'élite intellectuelle du pays.

Où sont la dignité, le respect, pour l'être humain, la considération pour les intellectuels ? Comment est-il possible que ceux et celles qui sont capables de réfléchir et rejeter la médiocrité se retrouvent soumis à une telle deshumanisation ? S'il vous plaît, revenez à votre rôle traditionnel et honorable d'éducateurs, de penseurs et d'écrivains qui se respectent. La RDC a besoin de vous, maintenant, et non plus tard.

1.3 Acteurs économiques et entrepreneurs

Les gens sont définis plus par leurs actes que simplement par leurs paroles. Vos actes en tant qu'entrepreneurs et acteurs économiques sont le reflet de qui vous êtes, de ce que vous êtes, et de ce que vous faites. Vos actions ont un impact économique énorme sur la société. La situation économique de votre pays et le niveau de prospérité de votre peuple sont aussi le reflet de la qualité d'entrepreneurs et d'acteurs économiques que vous êtes. Les salaires que vous payez à vos employés et les prix que vous facturez à vos clients ont un impact sur les conditions de vie de vos compatriotes.

Vous avez un impact social positif sur vos employés si vous leur payez un salaire décent. Vous avez un effet positif sur vos fournisseurs si vous les payez équitablement et à temps pour leurs approvisionnements. Votre influence sur vos clients est positive si vous leur donnez des marchandises de bonne qualité pour le prix qu'ils paient pour vos produits et services. Vous avez un effet positif sur la société si vous ne soudoyez pas la classe politique pour des faveurs aux dépens de la majorité du peuple, lorsque vos entreprises et activités économiques apportent des solutions aux grands problèmes sociaux auxquels est confronté votre pays, et lorsque vous supportez, soutenez et assistez les jeunes talents à devenir des entrepreneurs et des acteurs économiques comme vous. Vos décisions et actions économiques influencent les employés, les clients, les fournisseurs, les familles et la société. Vos opérations économiques affectent les communautés, les institutions gouvernementales et l'environnement.

Maintenant, regardez l'état de la RDC et évaluez l'impact social et éthique de vos décisions et activités économiques. Pouvez-vous en toute honnêteté devant votre conscience et devant Dieu dire que vos décisions et opérations économiques sont menées de manière responsable, qu'elles ont apporté des solutions aux grands problèmes sociaux et économiques de votre pays, ou qu'elles ont formé de nombreux jeunes talents qui sont devenus des entrepreneurs et des acteurs économiques comme vous-mêmes ? Pouvez-vous honnêtement dire que vos décisions et opérations économiques ont amélioré le climat moral et éthique de votre pays ?

Vous pouvez faire mieux. Vos décisions et opérations économiques doivent s'éloigner des pots-de-vin et corruptions. Vos décisions et opérations économiques doivent promouvoir et former des jeunes talents pour devenir entrepreneurs et acteurs économiques comme vous-mêmes. Vous devez lutter pour la justice et pour la conduite morale qui inspirent les jeunes et influencent positivement vos communautés et les institutions gouvernementales de votre pays. La RDC a besoin de développement harmonieux, disons intégral, et de croissance économique. Vos décisions et opérations économiques peuvent et doivent délivrer ce développement et cette croissance économiques pour créer des emplois afin de faire sortir vos compatriotes de la pauvreté.

Comme nous le savons tous, chaque personne va un jour mourir, laissant toutes les possessions et les autres personnes derrière. Si, par hypothèse vous saviez que c'est demain que vous allez mourir, et d'aujourd'hui on vous fait voir tout le film de vos décisions et opérations économiques ; êtes-vous sûr que vous allez vous féliciter en disant : « Je suis ravi d'avoir fait un bon choix la plupart du temps ; je n'ai pas profité des pauvres et des ignorants ; je n'ai pas soudoyé et je n'ai ni demandé ni accepté des pots-de-vin ; je me suis battu pour la justice et l'équité ; j'ai formé des jeunes talents qui sont devenus des grands entrepreneurs et opérateurs économiques ; j'ai travaillé et j'ai fait des profits honnêtes » ? Prenez garde et sachez bien ceci : vivre dans la justice et l'honnêteté, maintenant, en ce moment-ci, c'est le meilleur pari pour s'assurer qu'on s'est bien préparé à affronter tout seul sans l'assistance d'avocats, ou de gardes du corps, le mystère de ce qui nous attend à la fin de la vie sur la terre.

1.4 Pasteurs et chefs religieux

Les gens se tournent vers vous pour des conseils spirituels et moraux. Vos sermons et homélies soulignent à juste titre que toute personne humaine est sacrée, et que la dignité de la personne humaine relève de sa nature d'être image et ressemblance de Dieu. La vie humaine dérive de façon particulière de la vie divine. Par conséquent, la dignité de la personne humaine est le fondement et le paramètre pour juger de la moralité d'une société. Vous êtes la voix des sans-voix, et l'espoir des millions de personnes qui vivent sous la répression, la terreur et la peur constantes des groupes armés, des rebelles, des milices, des soldats, des policiers et agents de service de sécurité du gouvernement. Vous ne pouvez pas vous reposer, même une minute, pendant que vos peuples pleurent jour et nuit des tourments, tortures, vols, viols et massacres. Vous devez proclamer que les décisions et les actions économiques et politiques ont une influence directe sur la dignité humaine et la capacité des individus à se développer dans la communauté où ils vivent. Vous devez proclamer tout haut et incessamment que toute personne en RDC a un droit fondamental à la vie et le droit d'accès aux choses nécessaires pour vivre une vie décente ; et correspondant à ces droits sont les devoirs et les responsabilités des uns envers les autres comme membres de la famille nationale, régionale et humaine. Vous devez proclamer tout haut et incessamment que plus de 80 pourcents des populations de la RDC vivant dans l'extrême pauvreté dans un pays qui peut nourrir toute l'Afrique est immoral et constitue un péché mortel, et que les responsables de cette situation immorale seront jugés par le Juge des juges.

Pasteurs et chefs religieux de la RDC, vous devez proclamer tout haut à tout le monde que l'économie doit être au service des gens, et non pas l'inverse ; que le pouvoir doit être au service de la communauté nationale mais non le moyen ou la voie d'enrichissement illicite, d'écrasement et de spoliation des pauvres citoyens ; que le travail est plus qu'un moyen de gagner sa vie du fait qu'il ennoblit l'homme, car le travail est une forme de participation à la création divine. Vous devez proclamer tout haut et incessamment que les guerres qui détruisent la RDC entrent en collision directe avec la volonté de Dieu qui est Amour ; et cet amour de Dieu est pour que les gens fassent preuve de respect pour la vie humaine qui est aussi respect pour le Créateur et la création. Les guerres qui tuent les innocents, détruisent les infrastructures et l'environnement, détruisent la création divine et constituent une offense et une désobéissance à la volonté de Dieu. Les abus extrêmes infligés aux populations civiles de la RDC sont contre la volonté de Dieu parce que contre la dignité humaine. Tous les belligérants, rebelles, milices, soldats, policiers et agents de service de sécurité du gouvernement sont appelés à protéger les populations civiles ; c'est cela leur mission, et c'est cela la volonté de Dieu.

Vous devez proclamer tout haut et sans cesse que la diversité des tribus et des langues en RDC n'est rien d'autre que don de Dieu qui enrichit la RDC, car tous sont une nation et une seule famille humaine ; et cela est également vrai pour le monde entier. Le monde est une seule famille humaine, quelles que soient les différences nationales, raciales, ethniques, tribales, économiques, et idéologiques. Nous sommes gardiens de nos frères et sœurs où qu'ils soient. Aimez le prochain est un commandement divin sans frontière. Le prochain a des dimensions nationales et mondiales dans un monde qui se rétrécit chaque jour grâce aux moyens technologiques. Au cœur de la vertu de solidarité est la poursuite de la justice et de la paix. Aujourd'hui plus que jamais, votre message de paix est absolument nécessaire en RDC. Vous devez proclamer jour et nuit que le peuple congolais doit renoncer à la violence et aux conflits armés, vouloir et désirer la paix, travailler pour la justice et devenir des artisans de paix, car ainsi est la volonté de Dieu.

Par-dessus tout, vos sermons et enseignements doivent proclamer la vérité éternelle, qui est que seuls ceux qui ont faim et soif de justice, ceux qui sont miséricordieux, ceux qui ont bon cœur, et ceux qui sont des artisans de paix, ce sont eux qui vont voir et vivre le bonheur divin de la vie éternelle ; cette vérité éternelle est incontournable. Ceux et celles qui ont des oreilles entendront vos enseignements. Ceux et celles qui ont du cœur accepteront et observeront vos enseignements. Ceux et celles qui ont de la volonté vont mettre en pratique vos enseignements, et seront sauvés, car ces enseignements sont inspirés et tirent leur légitimité de la Parole de Dieu qui est Parole de vie éternelle.

Pasteurs, chefs religieux, et serviteurs du Seigneur, malheur à vous si vous usurpez ce titre pour vous transformer en quêteurs de fonds auprès des tenants du pouvoir pour tranquilliser leur conscience afin de ne pas reconnaître qu'ils sont la source principale du fleuve de misères dans lequel baigne la très grande majorité de la population en RDC ! Malheur à vous si vous pactisez avec la race des vipères et des rapaces par des sermons vides de sens et des slogans opium qui font endormir le peuple et empêchent ainsi ce dernier de s'éveiller, de travailler et de lutter pour se libérer des jougs qui l'assujettissent et l'oppriment ! Malheur à vous si vous vous associez aux malfaiteurs pour devenir vous aussi pilleurs, prédateurs et spoliateurs du peuple de Dieu par des escroqueries de tout genre que vous imposez à vos fidèles. Sachez que c'est le feu éternel qui vous attend lorsque vous exigez d'importantes sommes d'argent pour des soi-disant bénédictions que vous allez octroyer en vue de tels ou tels avoirs, de tel ou tel poste ministériel dans le gouvernement ou dans les institutions officielles de l'État. Vous savez au fin fond de vos cœurs qu'à travers ces types de tromperies, vous poursuivez un et un seul objectif : celui de vous enrichir sur le dos des populations. Si au lieu de proclamer la vérité telle qu'expliquée ci-dessus, vous exigez d'importantes sommes d'argent pour donner des bénédictions qui apporteraient, selon vous, les faveurs de Dieu pour les biens matériels, c'est le malheur éternel que vous accumulez au jour le jour par vos actes de sacrilège.

Pasteurs, chefs religieux, et serviteurs du Seigneur, votre vocation est divine mais aussi intransigeante. Ne jouez pas avec le nom du Créateur du ciel et de la terre. Soyez sincères et vrais, demeurez fidèles à la mission divine de libération de son peuple assujetti par les malfaiteurs, et vous serez somptueusement accueillis dans le royaume de l'Éternel. Proclamez sans cesse la volonté de Dieu, supportez la cause des démunis, condamnez l'exploitation des plus faibles par les plus forts, dénoncez les injustices, annoncez la conversion des cœurs et la repentance afin que même les corrompus, les vipères, et les rapaces puissent entendre la vérité, se convertir, demander pardon, s'engager à réparer les maux commis, et ainsi retrouver le chemin du salut. Si vous proclamez et faites la volonté de l'Éternel, si vous rejetez et dénoncez le mal sans équivoque, alors et alors seulement, au moment de votre dernier soupir, vous verrez la lumière céleste et entendrez la Voix vous dire : venez, bénis de l'Éternel, recevez en héritage le royaume qui vous a été préparé depuis le début du monde. À ce moment-là, pendant que vous êtes escortés par la cohorte glorieuse du Très-Haut accompagnée des bienheureux qui baignaient dans le fleuve de misère dans les rues de Kinshasa et à travers la RDC, vous verrez de très loin ceux et celles qui étaient une fois des tout-puissants sur la terre languir, gémir et grincer des dents dans le feu éternel.

1.5 Artistes et musiciens

Vous êtes parmi les meilleurs du monde. Vous êtes des modèles, des étoiles et des idoles, non seulement pour les jeunes de la RDC, mais pour toute l'Afrique. Vos chansons, danses et œuvres d'art sont célébrées et aimées dans toute l'Afrique et dans la diaspora congolaise et africaine en Europe, en Australie, aux États-Unis d'Amérique, au Canada, dans le monde entier, et vous le savez bien. Vous avez une responsabilité et une occasion unique de promouvoir la justice et les bonnes actions sociales qui renforcent la société. Les groupes armés qui se combattent et massacrent des millions de gens en RDC chantent vos chansons et dansent vos danses, et vous le savez bien. Donc, à travers vos musiques, danses et œuvres d'art, vous avez accès à tous les belligérants parce que tous écoutent et chantent vos musiques et dansent à leur rythme. Vous pouvez et devez utiliser vos chansons, danses et œuvres d'art pour communiquer sans équivoque que la dignité et la nature sacrée de toute vie humaine doivent être respectées par tous ; que la guerre ne construit pas les ponts, les routes, les chemins de fer, les écoles, et les hôpitaux ; mais au contraire que la guerre détruit tout et très facilement. Les guerres massacrent les populations tiraillées par des problèmes réels sans résoudre aucun de ces vrais problèmes.

Vos musiques, danses et œuvres d'art doivent envoyer un message clair aux dirigeants politiques du pays qu'ils sont responsables du succès et de l'échec de leur pays et doivent en accepter les conséquences. Vos musiques, danses et œuvres d'art doivent communiquer aux acteurs et opérateurs économiques que le degré du développement économique et technologique de la RDC reflète la pertinence ou l'inefficacité de leurs actions et opérations économiques dans le pays. Vos chansons, danses et œuvres d'art doivent faire savoir clairement aux éducateurs, penseurs et écrivains de la RDC qu'ils doivent jouer leur rôle de « critiques » de la société et promoteurs d'idées nouvelles ; que leur silence actuel est coupable et décevant pour le peuple de la RDC, et complice de ceux qui assujettissent et oppriment ce peuple. Vos musiques, danses et œuvres d'art doivent éveiller la conscience des pasteurs et chefs religieux de la RDC pour qu'ils jouent leur rôle de conscience de la société et ne jamais pactiser avec ceux qui font du mal au peuple ou pactiser avec les systèmes corrompus. Vos musiques, danses et œuvres d'art doivent encourager les jeunes à ne pas se décourager ou être tentés d'imiter la médiocrité de la société où ils vivent, mais plutôt aspirer à faire mieux que le présent, et toujours rêver à réaliser les multiples talents dont ils sont investis par le Créateur du ciel et de la terre.

Artistes et musiciens de la RDC, vous aussi avez un choix à faire : faire l'éloge du système corrompu qui opprime votre peuple ou dire la vérité et parler au nom des opprimés. Vous portez une lourde responsabilité pour n'avoir pas toujours utilisé vos chansons, danses et œuvres d'art pour enseigner que le comportement moral et les décisions responsables ont des effets positifs sur la société. Vous portez une lourde responsabilité pour avoir omis de promouvoir la justice sociale, des bons exemples de comment vivre et agir de façon à contribuer positivement au bien-être de la société. Ces bons exemples incluent la mobilisation des gens à rejeter les manigances des dirigeants politiques qui cherchent à s'éterniser au pouvoir illégitimement au-delà de leur mandat constitutionnel. Ces bons exemples incluent la collecte de fonds pour les malades ou les blessés de guerre, la collecte de fonds pour secourir des gens frappés par les inondations ou la sécheresse dans le pays, la collecte de fonds pour améliorer les conditions dans les hôpitaux qui sont devenus des poubelles et des mouroirs. Ces bons exemples incluent la mobilisation des jeunes dans un mouvement de service social pour prendre soin de leurs communautés, quartiers et cités, et ne pas attendre des aides de l'extérieur.

Vous manquez à votre responsabilité pour n'avoir pas enseigné à la société à travers vos chansons, danses et œuvres d'art, qu'une vie personnelle et professionnelle intègre est noble et essentielle pour le bien-être de tous. Vous manquez à votre responsabilité pour être demeurés passifs devant les caprices des politiciens qui font des lois qui n'ont rien à voir avec l'effort réel de résoudre les problèmes de pauvreté, d'infrastructures scolaires qui sont dans des conditions lamentables, du manque d'hôpitaux et cliniques propres et équipés dans les villes et milieux ruraux, du manque d'infrastructures de transport et communication à travers le pays, etc.

Artistes et musiciens de la RDC, rappelez-vous que vous êtes des personnes de grande considération ; vous êtes des idoles et des étoiles. Vous devez vivre et rayonner à la hauteur de votre noblesse et de votre rôle de modèle pour les jeunes et d'inspirateur de la société. Vous ne devriez en aucun cas chanter la louange des corrompus, ou flatter par vos chansons dans l'unique but de vous attirer les bienveillances des mains qui écorchent la peau de votre peuple et des gueules qui avalent leurs espoirs. Ce sont des petits esprits qui considèrent comme bienfaitrices ces mains-là. Or, vous n'êtes pas des petits esprits, mais des esprits qui prennent de la hauteur, qui s'honorent, et qui se respectent parce que vous exercez un noble métier de poètes, de philosophes, d'observateurs de la société, et d'éducateurs de la masse que vous traduisez dans vos musiques qui atteignent et l'élite, et la sommité, et la base de votre peuple. Vous devriez toujours dire la vérité comme elle se présente, toujours encourager les jeunes qui sont négligés par ceux-là mêmes qui devraient préparer ces jeunes pour un avenir de succès, un avenir meilleur, afin que ces jeunes ne perdent pas confiance en eux-mêmes. Vous devez chanter la justice, la résolution pacifique des conflits en Afrique, la prospérité pour tous et non pas pour un petit groupe d'exploiteurs, voleurs et corrompus. Posez-vous sincèrement cette question : combien de vos chansons, danses et œuvres d'art encouragent vos compatriotes à vivre une vie culturellement saine et enrichissante ?

2. Aux gouvernants de la RDC

Le gouvernement de la RDC est le premier responsable de la réussite ou de l'échec de ce pays en tant qu'État ou nation. Le gouvernement de la RDC ne peut ni rejeter, ni décliner, ni même cacher cette responsabilité qui est proprement sienne. La chaîne des responsabilités se termine en effet avec le gouvernement de la RDC, à sa tête le président de la République investi du pouvoir de nommer le Premier ministre chargé de conduire ledit gouvernement. C'est le gouvernement de la RDC qui prend les décisions importantes sur le fonctionnement du pays. Ce que la RDC est, c'est le résultat de ce que le gouvernement de la RDC décide et fait.

Le gouvernement de la RDC doit assumer sa responsabilité devant la situation actuelle du pays qui est le résultat direct des décisions et actions gouvernementales.

Si, aujourd'hui, la RDC connaît du succès, du développement, de la prospérité économique, du bonheur, du bien-être matériel et jouit de la liberté d'expression sociopolitique ou économique, ça sera du mérite de son gouvernement qui sera reconnu comme gouvernement responsable, et de bonne gouvernance ; cela le crédibiliserait en attirant ainsi des capitaux et investisseurs étrangers. Par contre, si, aujourd'hui, en RDC, il y a des guerres, de la corruption, de la misère, de l'oppression, des violations des droits humains, de la souffrance, des exactions inhumaines et extorsions inouïes qui plongent le peuple dans l'extrême pauvreté, c'est le gouvernement de la RDC qui en assumera la responsabilité. Il devra alors s'engager sincèrement à remédier à la situation.

Qui d'autre peut être blâmé par le gouvernement de la RDC pour l'échec de ce pays lorsque ledit gouvernement est le plus haut responsable de l'état de délabrement du pays ? Accuser les multinationales ? Accuser l'Occident ?

De telles accusations révèlent plutôt que le gouvernement de la RDC est complice de l'exploitation illégale des ressources naturelles de la RDC, et que c'est à travers les institutions gouvernementales de la RDC que les accusés ont les mains libres pour piller les immenses ressources naturelles de ce pays, pillage bien documenté dans les rapports des Nations unies et dans de nombreuses publications des institutions et organisations non gouvernementales tant nationales qu'internationales.

Membres du gouvernement de la RDC, président, ministres, gouverneurs, sénateurs et députés, officiers des forces armées, vous savez bien qui vous êtes ; vous connaissez la vérité sur vous-mêmes. Vous ne pouvez pas faire semblant d'être quelque chose d'autre que ce que vous êtes ; tout ce que vous avez fait et tout ce que vous faites sont bien connus de vous-mêmes, de vos concitoyens et du monde entier. Ce que vous avez à faire c'est assumer la responsabilité de vos décisions et actions dont les conséquences sont visibles en termes de guerres, pauvreté, misère, corruptions rampantes et sous-développement de ce pays. Il est mieux pour vous de reconnaître cette situation que de vouloir nier cela avec toutes les conséquences qui vous attendraient ici-bas et dans l'au-delà. Commencez maintenant à changer vos cœurs et vos pratiques : que vos actions et décisions politiques soient cohérentes avec vos paroles ou promesses, c'est cela qui vous donnera de l'autorité sur votre peuple et vous rendra crédibles auprès de vos concitoyens ; que ce que vous dites puisse signifier ou traduire ce que vous pensez, et que ce que vous pensez et faites soit pour le bien commun du peuple de la RDC.

Comme gouvernants et leaders de la « Res Publica », vous n'avez pas le pouvoir de vie ou de mort sur votre peuple ; vous êtes plutôt là pour servir et protéger votre peuple. Vous ne devriez pas pervertir la justice ; vous devriez plutôt lutter contre l'injustice en mettant en place de bonnes lois et à faire appliquer ces lois pour tout le monde de la même manière. Vous ne devriez pas faire montre de partialité et de tribalisme ; vous ne devriez pas acheter des votes et corrompre les gens pour obtenir des faveurs ; vous ne devriez pas accepter des pots-de-vin pour fermer les yeux sur les mauvais actes et négliger la cause de la justice. Vous devriez et devez appliquer la justice et l'équité. Faites-le maintenant, et vous serez sauvés. Vos pensées, décisions et actions doivent être imprégnées par la sagesse. Pouvez-vous honnêtement dire que vos pensées, décisions et actions sont toujours pour les causes justes, pour la liberté de tous, pour le développement du pays, pour la paix, et pour le bien commun de tous ? Eh bien, sachez que la mesure que vous utilisez pour gouverner la RDC, tôt ou tard, sera utilisée pour vous mesurer.

3. Aux soldats, policiers et forces de sécurité de la RDC

Vous êtes des personnes de grande considération, et votre vocation est très noble, car vous êtes là pour défendre et protéger le peuple de la RDC. Dans votre conscience d'homme, vous savez cependant la vérité de ce que vous faites à vos concitoyens pour maintenir et perpétuer un pouvoir prédateur en RDC. La vérité est que vous arrêtez, rançonnez, abusez, violez, agressez, et terrorisez le peuple que vous êtes censés protéger et défendre au prix même de votre vie.

Vous savez que votre peuple, au lieu d'éprouver la fierté de voir sa protection assurée par ses propres fils et filles que vous êtes, votre peuple a une peur intérieure qui bouillonne comme une diarrhée mal soignée à la simple vue de votre ombre, et vous en êtes fiers. Vous savez que, quand les gens vous voient à distance, ils prennent un autre chemin pour vous éviter, car les gens savent que vous êtes un danger pour eux. Certains parmi vous disent sans vergogne : « comment sommes-nous censés vivre et soutenir nos familles quand nous ne sommes pas payés, bien payés ou payés à temps ? C'est la raison pour laquelle nous ravissons par force ». Une telle justification est une abomination qui appelle à la justice et à la vengeance. Vous savez bien que les gens que vous abusez et rançonnez n'ont aucun pouvoir sur ceux qui gèrent ou détournent vos salaires. Et vous savez très bien qui a le pouvoir sur vos salaires. C'est votre gouvernement qui paie vos salaires. Si vous n'êtes pas payés, si vous n'êtes pas bien payés, ou payés régulièrement, qu'est-ce que cela a à faire avec vos concitoyens qui ne sont même pas des salariés mais vivent au jour le jour du débrouillage pour ne pas dire de la débrouillardise ? Si vous n'êtes pas payés, si vous n'êtes pas bien payés, ou payés régulièrement, vous devez adresser vos revendications à votre gouvernement qui paie ou ne paie pas vos salaires afin que ce dernier puisse régler vos problèmes.

Mais abuser, rançonner et terroriser des civils innocents qui vivent dans l'extrême pauvreté, leur ravir le peu qu'ils ont gagné après avoir transpiré toute la journée pour nourrir leurs familles, quand vous ravissez cela pour nourrir votre propre famille parce que vous portez l'uniforme militaire ou policier, et/ou simplement parce que vous portez des armes qui vous donnent l'illusion de vous sentir supérieurs aux autres pour les abuser en toute impunité, c'est vraiment dégueulasse et immoral. Soyez assurés que ces abus sans justice contre des civils innocents appellent à la justice tôt ou tard, et à la vengeance dans cette vie et après cette vie.

Soldats, policiers et forces de sécurité de la RDC, vous n'allez pas continuer à abuser des civils innocents sans conséquence. Tôt ou tard, vos actes d'abus, de rançonnages et de terrorisme contre des civils innocents se tourneront contre vous. Officiers militaires, commandants des armées et responsables des forces de sécurité, vous savez toute cette situation et ne faites rien pour éliminer ces actes d'injustice, de criminalité et d'immoralité contre les populations civiles. Vous en payerez le prix tôt ou tard, non pas seulement sur cette terre mais aussi dans l'au-delà devant le Tout-Puissant et nos ancêtres. Vous ne pourrez plus prétendre que vous ne connaissiez pas la vérité suivante : non seulement « tout se paye ici-bas, mais aussi qu'on est confronté la justice de l'Éternel sans gardes du corps et sans avocats ».

Soldats, policiers et forces de sécurité, officiers militaires et commandants des armées de la RDC, il est maintenant temps pour vous de changer vos cœurs, vos pensées et vos comportements. C'est maintenant le moment de faire le bien pour le peuple que vous êtes appelés à protéger et défendre. Il est maintenant temps de cesser d'abuser, de rançonner, de terroriser, et de tuer des civils innocents. Sachez du moins que le pain que vous donnez à manger à vos enfants et aux vôtres, fruit d'extorsions, d'exactions et de rançonnages est taché du sang des victimes innocentes, de la sueur du front des pauvres gens. Il ne vous apportera à la longue que désolation, souffrances morales et physiques mystérieuses, à vous comme aux vôtres.

Si vous renoncez aux mauvaises habitudes et changez de comportement, maintenant et non plus tard, vous vivrez en paix, avec l'espoir d'hériter la vie éternelle. Vous devriez, et devez-vous, vous battre pour la justice, lutter pour l'équité, dénoncer ce qui ne va pas pour que la source du mal soit corrigée dans votre pays. Si vous faites cela, alors vous pouvez espérer être sauvés lorsque le jour du jugement arrivera. Ne pensez pas que c'est un jugement lointain, le jour du jugement est presque déjà là. C'est en un clin d'œil que ce jour va arriver comme par surprise ; ne vous laissez par surprendre. L'unique façon de vous préparer pour ne pas être surpris c'est d'arrêter d'abuser, de rançonner et de terroriser les civils innocents que vous avez la responsabilité civique de protéger et de défendre ; c'est de dénoncer et lutter publiquement contre les injustices et la corruption, dénoncer et lutter publiquement contre les manigances politiques pour s'éterniser au pouvoir. Devant vous se trouve le chemin de vie ou de mort, et le choix est vôtre à faire. Si vous arrêtez de maltraiter les civils, si vous défendez et protégez les civils, si vous dénoncez et luttez publiquement contre les manigances politiques pour s'éterniser au pouvoir, vous aurez la vie sauve. Mais, en faisant le contraire, soyez certains que vous avez choisi votre condamnation.

4. Aux groupes armés opérant en RDC

4.1 Groupes armés non-citoyens de la RDC

Pourquoi versez-vous le sang des innocents en RDC ? Vous avez déjà envoyé à la mort plus de 7 millions de citoyens de ce pays ; quel mal ont-ils fait à vous personnellement, ou à votre famille ? Demandez-vous pourquoi vous faites la guerre et tuez des citoyens congolais qui sont vos voisins ou loin de votre pays d'origine ? Est-ce que cela vous fait réaliser l'objectif que vous poursuivez dans votre pays d'origine ? Si c'est non, alors vous ne devriez pas faire la guerre et tuer des gens en RDC. Si vous avez des problèmes avec la façon dont votre pays d'origine est gouverné, alors vous devriez et devez rentrer chez vous et affronter vos problèmes sur place dans votre pays d'origine.

Le sang des innocents que vous versez en RDC et la vie des innocents que vous détruisez dans ce pays appellent à la justice et à la vengeance. Vous riez lorsque vous tuez des innocents en RDC. Vous plaisantez après que vous avez violé une petite fille de cinq ans qui meurt par la suite ; mais le jour du jugement viendra s'abattre sur vous comme de la foudre, et à ce moment-là vous ne rirez plus. Si vous entendez ce message, quittez immédiatement la RDC et regagnez votre pays d'origine, allez faire valoir vos droits et revendications dans votre propre pays.

4.2 Groupes armés citoyens de la RDC

Le sang que vous versez et les vies humaines que vous détruisez sont ceux de vos compatriotes, frères et sœurs, pères et mères, oncles et tantes, fils et filles, grands-pères et grand-mères. Posez-vous les questions suivantes : « Pourquoi combattons-nous ? Pourquoi faisons-nous la guerre ? Pourquoi n'avons-nous pas encore atteint nos objectifs, même après que nous avons vu des millions de nos compatriotes périr à la suite de nos combats et guerres ? » Combien encore de vos compatriotes doivent être tués pour que vous puissiez réaliser que vos combats et guerres ne font que tuer, ravager et détruire, sans pour autant vous faire atteindre les objectifs que vous poursuivez si objectifs il y a ? Vous remarquez bien que vos combats et guerres jusque-là n'ont fait que détruire des hôpitaux, des écoles, des routes, des ponts, des villages, etc. Posez-vous de nouveau la question de cette manière : « combien de chemins de fer, d'hôpitaux, d'écoles, de routes, de ponts, de villages et communautés, d'usines et d'entreprises sont déjà construits par nos combats et guerres ? » Pas même un seul ; et vous le savez bien.

Rappelez-vous que des centaines d'hôpitaux, d'écoles, des routes, de ponts et de voies ferrées ont été détruits à la suite de vos combats et guerres. Rappelez-vous que des centaines de villages et communautés ont été détruits ou abandonnés à la suite de vos combats et guerres. Rappelez-vous que des milliers de femmes et de jeunes filles ont été violées, et violées à mort, à la suite de vos combats et guerres. Rappelez-vous que plus de 7 millions de vos compatriotes ont été tués à la suite de vos combats et guerres. Quelle sorte de cœur avez-vous ? Êtes-vous des monstres sauvages sans cœur ou des êtres humains qui ont de la conscience ?

Sachez que vous aussi avez un rôle important à jouer en RDC, de même que vos compatriotes qui sont morts à la suite de vos combats et guerres sans avoir eu la chance de jouer leur rôle pour le développement de la RDC. À présent, après des décennies de combats et guerres, vous le savez et vous devez savoir que vos combats et guerres n'ont résolu aucun problème réel en RDC. Soyez sincères avec vous-mêmes : est-ce que vos combats et guerres ont déjà résolu le problème du chômage dans ce pays ? Est-ce que vos combats et guerres ont déjà résolu le problème du manque d'infrastructures de transport et de communication, le problème de carence des produits pharmaceutiques dans les hôpitaux et cliniques, le problème de manque de bonnes écoles, le problème de corruption, tous ces problèmes qui ruinent votre pays ? Vous savez bien que vos combats et guerres n'ont résolu aucun de ces problèmes et ne vont résoudre aucun de ces problèmes. La vérité est que vos combats et guerres ont tué, tuent, et continueront à tuer vos compatriotes sans faire avancer votre cause, sans faire avancer votre pays sur le chemin de la paix, du développement socio-économique, ou de la prospérité.

Maintenant que vous savez la vérité, il vous appartient de changer vos cœurs et vous dire « ça suffit, assez avec les tueries de nos compatriotes ». Vous devez décider immédiatement de ne plus combattre pour que les massacres de vos compatriotes puissent cesser immédiatement. Détruisez et enterrez vos armes en mémoire des millions de vos compatriotes qui ont été détruits et enterrés par vos armes et guerres. Regagnez immédiatement vos communautés, villages et familles. Si vous êtes leader du groupe, dites à vos camarades de détruire et enterrer leurs armes, et veillez à ce que tout le monde détruise et enterre ses armes. Ensuite, encouragez chacun à regagner sa famille, de sorte qu'il n'y ait plus de guerres ni de massacres. Une fois arrivés dans vos familles, faites-vous membres de l'Église dans votre communauté ; faites-vous membres de l'organisation sans but lucratif dans votre communauté ; ou bien créez vous-mêmes votre organisation sans but lucratif pour discuter des voies et moyens pacifiques de résoudre les multiples problèmes qui se posent au niveau local ou national.

Entamez et engagez des conversations, dialogues et discussions à travers votre Église ou votre organisation sans but lucratif pour conscientiser vos compatriotes à faire entendre leur voix, à proposer des idées, des voies et moyens pour arriver à la paix, pour créer des conditions de développement économique dans votre village, communauté, pays, et dans la région. N'hésitez pas à partager vos idées et propositions avec les représentants des Nations unies qui sont dans votre région. N'hésitez pas à écrire à des organisations internationales au sujet de vos idées et propositions d'utiliser des moyens pacifiques pour la paix et le développement économique dans votre communauté, et n'hésitez pas à demander aux Nations unies et aux organisations internationales de subventionner vos projets, vos idées et propositions.

Vous serez surpris de constater que vos idées et propositions seront embrassées facilement et rapidement, et d'un coup vous allez vous retrouver à la tête d'une organisation reconnue au niveau national et international, et vous deviendrez un leader sans avoir besoin de tuer des innocents pour y arriver. Vous aurez accompli en peu de temps sans tuer des innocents, et vous aurez réalisé en peu de temps, ce que vous n'avez pas pu réaliser pendant des années de combats et guerres qui ont tué plus de 7 millions de vos compatriotes.

5. Aux ressortissants et descendants de la RDC en diaspora

Vous ne serez jamais assez remerciés pour les bonnes actions que vous faites pour les gens vivant en RDC, votre pays d'origine et la terre de vos ancêtres. Chaque année, vous envoyez des millions de dollars (transferts de fonds) aux membres de vos familles, à vos amis et aux connaissances en RDC. Ces fonds sont non seulement un support vital important pour ceux qui les reçoivent, mais aussi une importante source de capitaux extérieurs investis en RDC, surpassant même le montant d'argent que le gouvernement de la RDC alloue au développement ou à l'investissement direct dans le pays.

Nombreux parmi vous sont allés au-delà du transfert de fonds de survie aux membres de la famille et aux amis, pour s'impliquer dans l'effort d'investissement pour le développement de leur village ou communauté d'origine. Par exemple, certains parmi vous ont pris l'initiative d'investir dans des projets de coopérative agricole communautaire dans les villages et milieux ruraux ; d'autres parmi vous se sont impliqués dans les services d'hôtellerie, de magasins et boutiques, d'import-export ; d'autres encore ont créé des petites caisses d'épargne pour faire apprendre aux gens le système bancaire ; etc. Vous faites tout cela en dépit de l'environnement de blocage et des difficultés qui étouffent vos efforts en RDC. Certains parmi vous ont subi des pertes, enduré d'énormes difficultés et des sacrifices, mais ils ont persisté dans la volonté et l'effort d'aider les gens en RDC.

L'ironie du sort est que toutes ces barrières et obstacles sont placés par les mêmes personnes et institutions gouvernementales qui sont censées vous rendre la tâche d'investir en RDC plus facile. Souvent, vos investissements ont été taxés par de multiples individus et institutions juste pour vous voler ; vos entreprises ont été pillées, ou simplement ravies par force par quelqu'un qui se dit général d'armée ou par quelqu'un qui se réclame de la présidence, ou par quelqu'un qui se dit ministre, etc. Et le pire de tout cela est que vous n'avez nulle part où vous pouvez vous rendre pour demander justice ; et même quand vous allez au tribunal en place, on vous demande de payer des pots-de-vin simplement pour que votre cas soit considéré. C'est vraiment triste, n'est-ce pas ?

Ressortissants et descendants de la RDC, merci pour votre courage et détermination à ne pas abandonner votre pays d'origine, à ne pas abandonner les gens de vos villages et communautés rurales qui croupissent dans la misère en RDC. Vous êtes des compétences et expertises dont la RDC aura besoin pour son développement lorsque le bon moment arrivera. Avec vos compétences et vos réseaux professionnels, vous serez en mesure de fournir des conseils et possibilités d'investissement direct des capitaux étrangers en RDC, et vous serez en mesure d'ouvrir de nouveaux marchés pour la RDC. Veuillez garder la RDC dans vos esprits, vos pensées et vos prières.

Le temps viendra, le temps vient déjà, quand la RDC sera dotée d'un environnement sociopolitique accueillant et aura besoin de vous et de vos expertises et compétences. La RDC vous accueillera à bras ouverts quel que soit votre statut dans votre pays d'adoption. Que vous soyez ressortissants de la RDC avec nationalité de votre pays d'adoption, que vous soyez nés des ressortissants de la RDC dans leurs pays d'adoption et que vous n'ayez jamais mis pieds en RDC, que vous soyez de la deuxième, troisième, ou n-ième génération nés dans les différents pays d'accueil, peu importe ; car vous avez votre origine et pouvez retracer votre arbre généalogique en RDC. Vous serez tous accueillis à bras ouverts en RDC pour vivre, travailler, investir et prospérer avec vos frères et sœurs dans votre beau et merveilleux pays d'origine.

Un proverbe du Nord-Ubangi dit : « l'eau, même chauffée comment ou portée à ébullition, n'oubliera jamais le phénomène du froid ». Eh bien, comme Congolais de la diaspora, vous vous êtes acclimatés dans vos différents pays d'adoption ; mais n'oubliez jamais que vous êtes d'origine congolaise et êtes fiers de cela. Cette fierté comme cette identité ne sont pas marchandables à vil prix ni échangeables contre la loi du plus fort imposée par la force momentanée des armes ou les forces obscures du moment.

Chers ressortissants et descendants de la RDC vivant dans la diaspora, lorsque le bon moment arrivera, et cela arrivera bientôt, vos désirs de contribuer au développement de la RDC ne seront plus entravés ou gênés comme c'est le cas maintenant ; mais plutôt vos désirs d'investir dans votre pays d'origine seront soutenus par la coopération et la facilitation du nouveau gouvernement et des nouvelles institutions.

Soyez assurés que le temps viendra, et ce temps est déjà en train de venir, la RDC va officiellement vous chercher pour vos investissements directs afin de promouvoir la croissance économique, le développement scientifique, technologique et industriel du pays. Soyez aussi assurés qu'à ce moment-là, les conditions favorables seront mises en place pour vous accueillir à travers une variété de mécanismes. Ces mécanismes incluent entre autres la promotion de votre participation à la diversité culturelle du pays qui sera organisée annuellement dans vos pays d'accueil afin de réaffirmer les liens culturels avec vous et vos amis. Ces mécanismes incluent le programme de la double citoyenneté pour vous faire sentir non étrangers lorsque vous êtes chez vous en RDC. Ces mécanismes incluent aussi des mouvements et des voies de communication pour vous permettre de participer directement à des projets de développement communautaire ou projets philanthropiques en RDC ; des programmes d'échange où vous pouvez partager vos compétences, idées et expertises pour l'élaboration des plans nationaux de développement ; etc.

Ressortissants et descendants de la RDC vivant dans la diaspora, sachez qu'il y a des millions de familles, hommes et femmes, dans votre pays d'origine qui n'ont personne pour leur envoyer de l'argent comme vous le faites à vos parents, familles et amis. Demandez-vous comment ces gens vivent ou survivent au jour le jour, de mois en mois, d'année en année sans aide extérieure ? Voilà pourquoi vous êtes aussi appelés à penser à ceux-là qui sont sans aide extérieure.

En fraternité et solidarité avec ces millions de personnes qui ne reçoivent pas de transferts de fonds, vous êtes appelés à vous associer à leur lutte pour le développement de tous en RDC. Une façon de vous associer à leur lutte c'est de condamner publiquement dans les médias de votre pays d'adoption la pratique courante d'une élite riche toute-puissante au milieu et au-dessus des millions de personnes qui croupissent dans l'extrême pauvreté en RDC ; proclamer dans les médias de votre pays d'adoption que la vie pleine et digne pour tous ne peut se réaliser en RDC que lorsque les dirigeants et institutions de ce pays conduisent les affaires de l'État sans corruption et tribalisme pour l'intérêt commun de tous. Une autre façon de vous associer à cette lutte c'est en faisant tout ce que vous pouvez dans votre pays d'adoption pour aider à ce qu'émergent de nouveaux dirigeants crédibles, compétents et honnêtes en RDC pour former des institutions nationales non corrompues afin de conduire les affaires de l'État avec équité et moralité, et gérer les richesses du pays au profit de tous.

III
VISION SOCIO-ECONOMIQUE POUR UNE RENAISSANCE TECHNO-SOCIO-ECONOMIQUE

Rien n'est impossible dans ce monde.
Il est dit qu'une ferme détermination peut remuer ciel et terre.

— Yamamoto Tsunetomo

Les choses paraissent toujours impossibles jusqu'à ce qu'elles soient accomplies.

— Nelson Mandela

1. Introduction

Les experts du monde entier sont d'accord sur les potentialités énormes de la RDC. Les experts et analystes internationaux qui ont revu cet ouvrage avant sa parution sont d'accord que la vision socio-économique ci-dessous exprimée est capable de faire émerger la RDC des cendres et ruines des guerres. Comme résultat, les habitants de la RDC deviendront des producteurs et exportateurs de produits finis et semi-finis, de technologies pratiques et avancées, de systèmes gestionnaires efficaces, et de techniques de recherche expérimentale, au lieu d'être simplement des exportateurs de matières premières et produits vivriers.

Ci-dessous seront présentés les domaines de développement et comment les habitants de la RDC peuvent se créer des entreprises, des usines, et des systèmes formidables de gestion, etc. Avec l'application de cette vision socio-économique, les habitants de la RDC vont enfin assumer leur rôle naturel de leaders économiques et technologiques en Afrique et dans le monde. Il y a d'énorme ressources naturelles dans ce pays qui permettront aux populations de se créer des richesses, éliminer ou endiguer le chômage et la pauvreté ; et enfin ce pays va émerger des ruines de guerre et devenir l'une des régions les plus riches et prospères du monde.

2. Les plantes médicinales

La RDC est bien connue pour sa biodiversité. La RDC est considérée comme l'une des sources les plus importantes du monde en plantes médicinales utilisables pour l'alimentation et pour les médicaments. Les plantes médicinales de la RDC ont déjà établi une forte présence sur le marché mondial. À titre d'exemple, il y a la boisson populaire rooibos (Aspalathus linearis, Fabaceae), le remède pour la prostate pygeum (Prunus africana syn. Pygeum africanum, Rosaceae), l'inhibiteur de l'appétit Hoodia (Hoodia gordonii, Asclepiadaceae), l'ingrédient cosmétique le plus populaire, le beurre de karité (Vitellaria paradoxa, Sapotaceae), et l'herbe aphrodisiaque classique utilisée en psychiatrie, la yohimbine (Pausinystalia johimbe, Rubiaceae), etc. En outre, de récentes expérimentations cliniques documentent les avantages d'extraits de racines de Pelargonium (umckalaoba, sidoides, Geraniaceae) pour guérir la bronchite, l'amygdalite, et d'autres infections des voies respiratoires supérieures. Et il y a encore beaucoup de chose sur les plantes médicinales de la RDC qui ne sont pas encore connues.

Mais combien d'entreprises locales, combien de laboratoires et centres de recherches établis par les citoyens autochtones de la RDC, par de jeunes entrepreneurs, par le gouvernement de la RDC ; combien d'universités et institutions de recherche privées ou publiques sont impliquées dans la recherche, la production et la commercialisation des produits à base de plantes médicinales dans ce pays ? Combien d'entreprises, d'hommes et de femmes d'affaires sont impliqués dans les recherches sur l'identification, la conservation, la croissance et la protection des plantes médicinales en RDC ? Combien d'instituts et de centres de recherches de l'Etat ou privés sont impliqués dans des recherches et études pour déterminer les compositions biochimiques des plantes médicinales de la RDC en termes d'antimicrobiens, d'antioxydants, de propriétés anti-inflammatoires et antidiabétiques, etc. ? Combien d'usines et d'entreprises par les habitants de la RDC sont impliquées dans les recherches et la fabrication des produits pharmaceutiques à base de plantes médicinales dont ce pays regorge ?

Il faut absolument créer et établir des programmes et financements consacrés à stimuler les citoyens congolais, surtout les jeunes diplômés universitaires, les jeunes entrepreneurs tant dans les villes que dans les villages et communautés rurales, afin qu'ils soient encouragés et motivés à s'impliquer dans des recherches sur tous les aspects des plantes médicinales dans leur pays. Comme résultat, ces jeunes entrepreneurs vont créer des laboratoires de recherche et des usines de fabrication de produits pharmaceutiques et médicinaux nécessaires pour la population congolaise et aussi celle de la région d'Afrique centrale. Ce sont là des millions d'emplois qui seront créés par les citoyens congolais pour les citoyens congolais et leurs voisins immédiats. Ce qui va contribuer à améliorer sensiblement le niveau de vie de la population, à endiguer le chômage et la pauvreté même si on ne peut prétendre l'élimination complète et totale de ces fléaux qui rongent le peuple. Comment peut-on ne pas voir cette potentialité énorme qui est devant nos yeux ? Comment peut-on expliquer le taux très élevé de chômage et de pauvreté dans ce pays lorsque les potentialités énormes de création d'emplois et de richesses pour tout le monde dans le domaine des plantes médicinales sont là, devant nos yeux ? Et il y a bien d'autres domaines de création d'emplois et de richesses par les citoyens de la RDC.

3. Recherches environnementales

La forêt du bassin du Congo est la deuxième grande et large forêt tropicale sur la terre. Elle constitue en effet le poumon de toute l'Afrique en biodiversité. Son écosystème incroyablement riche et varié fournit de la nourriture, de l'eau fraîche, des abris et des médicaments pour des millions de personnes. La forêt tropicale de la RDC abrite de nombreuses espèces en danger d'extinction, y compris les éléphants, les gorilles, les bonobos et les okapis, pour ne citer que ceux-là. Parmi les centaines d'espèces de mammifères découverts à ce jour dans la forêt tropicale de la RDC, 39 ne se retrouvent nulle part ailleurs sur terre. Les espèces végétales comptent environ 10.000 (dix mille) à 33.000 (trente-trois mille) espèces, et de nombreuses sont uniques à la RDC. La forêt tropicale de la RDC contient une gamme étonnante de vies à travers ses rivières, marécages et savanes.

Au sommet mondial de Paris sur le changement climatique en décembre 2015, les experts ont reconnu que les forêts, dont celle de la RDC, contribuent énormément au maintien de la vie sur l'ensemble de la planète terre, et régularisent le climat mondial. On estime par exemple que 8% (huit pourcents) du gaz carbonique (dioxyde de carbone) sur la terre est stocké dans la forêt de la RDC seule. Cela fait de ce pays le quatrième plus grand réservoir de dioxyde de carbone dans le monde, protégeant ainsi la planète entière contre l'asphyxie par les pollutions et les effets négatifs du changement climatique. La forêt de la RDC joue donc un rôle crucial pour la survie de l'humanité.

Peuple de la RDC, vous êtes gardien de la forêt tropicale qui régularise le climat mondial au bénéfice de l'ensemble de la biosphère. Vous ne pouvez donc pas rester passif devant les graves problèmes de destruction sauvage et massive de la forêt de ce pays. Prenez garde surtout de ne pas contribuer activement à la destruction illégale de la forêt de votre environnement, de votre pays. Vous devez former des organisations professionnelles et civiques pour dénoncer des licences frauduleuses d'exploitation forestière délivrées par les autorités aux niveaux provincial et national en échange de sommes d'argent empochées illégalement sans que le Trésor public n'en tire profit pour l'amélioration des infrastructures locales ou nationales. Savez aussi que la déforestation de la RDC s'accompagne de l'érosion des sols, de la désertification, de la dégradation des zones humides et de la prolifération d'insectes qui infestent les plantes, les moissons, les animaux, et même les êtres humains. Peuple de la RDC, vous vivez ces problèmes mais vous ne faites rien pour arrêter ces dégradations ou empêcher ceux qui vous détruisent en détruisant votre environnement vital. Vous ne faites rien pour barrer la route à vos fils et filles, à vos frères et sœurs, qui s'enrichissent illégalement et malhonnêtement par ces pratiques amorales. Pire encore, quand ils viennent vers vous avec cet argent sale, ce gain frauduleux pour leurs campagnes électorales, vous considérez leurs mains tendues pour distribuer les billets de banque comme bienfaitrices et leurs bouches qui débitent des mensonges comme prometteuses de progrès, alors que ce sont ces mains qui écorchent votre peau et ces gueules qui avalent vos espoirs.

Les guerres et conflits armés en RDC ont entravé l'effort international pour faire face à ces problèmes de déforestation pendant que les efforts locaux sont inexistants. Ainsi, la riche biodiversité, la forêt et l'environnement de la RDC sont menacés de disparition. Les solutions durables à ces problèmes de dégradation qui menacent la forêt et l'environnement de ce pays ne peuvent venir que des hommes et femmes qui habitent ce milieu, c'est-à-dire les habitants de la RDC.

Le gouvernement de la RDC est le premier responsable qui doit indiquer le chemin à suivre, présenter le plan d'action. Mais, devant la faillite, ou même la complicité, du gouvernement, les habitants de la RDC doivent relever le défi pour sauver la forêt et l'environnement de leur milieu vital, de leur territoire. C'est vous autres les jeunes étudiants, professionnels et entrepreneurs ; c'est vous les opérateurs économiques ; c'est vous les hommes et femmes de science ; c'est vous les pasteurs et chefs religieux ; c'est vous les artistes et les musiciens ; c'est vous les avocats, les penseurs, les philosophes, les écrivains, les intellectuels ; c'est vous les hommes et femmes de la RDC qui devez relever le défi de trouver des solutions aux multiples problèmes qui menacent ce beau et riche environnement de votre pays. En vous engageant à trouver des solutions aux problèmes de la déforestation et de la dégradation de l'écosystème et de l'environnement de ce beau et riche pays, vous allez créer des millions d'emplois pour vous-mêmes et pour vos frères et sœurs. Car il faut mettre sur pied des méthodes, des outils et instruments de recherche, et des technologies pour combattre ces problèmes d'érosion, de désertification, d'invasion d'insectes, etc. Le processus pour y arriver créera du travail, du développement, et ainsi avancera l'industrialisation du pays.

C'est donc prioritaire d'établir des programmes concrets de formation et de financement pour soutenir les jeunes ingénieurs, diplômés universitaires, entrepreneurs, hommes et femmes d'affaires de la RDC, afin qu'ils soient motivés à s'engager à chercher et trouver des solutions aux problèmes de déforestation et de dégradation de l'environnement de leur pays. Ces programmes et supports vont appuyer les citoyens congolais à créer des laboratoires, des usines, des instituts et centres de recherches consacrés aux études et recherches pour préserver les végétations, les espèces uniques, et d'autres problèmes urgents qui menacent la forêt et l'environnement du pays. La communauté internationale sera heureuse de contribuer et supporter l'effort des habitants de la RDC à créer des laboratoires d'étude et de recherche pour résoudre les problèmes de déforestation, d'érosion, d'espèces uniques en voie disparition, etc., car il y va de l'existence même de notre planète. Mais le gouvernement et les habitants de la RDC doivent prendre le devant, faire preuve de sérieux, présenter des plans d'action, et des propositions concrètes pour solliciter la collaboration de la communauté internationale. La RDC peut donc devenir le centre africain et mondial d'études environnementales. Voilà encore une potentialité pour les habitants de la RDC de créer des millions d'emplois pour eux-mêmes et leurs voisins immédiats.

4. Domaine des énergies renouvelables

Sans même parler des hydrocarbures, les ressources renouvelables d'énergie en RDC sont énormes. Il est estimé que les sources d'énergies renouvelables en RDC pourraient pourvoir à 100% (cent pourcents) des besoins d'énergie du pays, et plus de 50% (cinquante pourcents) des besoins d'énergie en Afrique.

• Énergie solaire : La RDC se situe au niveau de l'Équateur où le soleil tape droit sur la terre ; l'intensité solaire qui frappe la RDC est évaluée entre 3,25 et 6,0 kWh / m2 / jour. Cela rend l'installation de systèmes photovoltaïques, ainsi que l'utilisation de systèmes solaires thermiques, viables dans toute la RDC.

• Le vent et l'énergie éolienne : Dans certains endroits de la RDC, la vitesse du vent est égale ou supérieure à 1,4 m/s (1,5 m/s à Matadi, 1,7 m/s à Gimbi, et 1,8 m /s à Kalemie et Goma). Certains endroits en RDC ont été identifiés où la vitesse du vent est entre 6m/s et 6,6 m/s. L'énergie éolienne en RDC seule est estimée à 77.380 MW, soit 102 TWh.

• Énergie de biomasse : En termes de bois combustibles traditionnels, la RDC seule a environ 125 millions d'hectares de forêt. Les bois de chauffage et les charbons de bois constituent la source d'énergie de base en RDC. Cependant, cette consommation non contrôlée des bois de chauffage accélère la déforestation, l'épuisement des ressources locales limitées de bois, ainsi que la production de polluants considérables qui affectent la santé des utilisateurs.

• Énergie biogaz : La production d'énergie à partir de déchets végétaux et animaux constitue également une potentialité importante en RDC. En outre, les réserves de méthane naturel sont estimées à 50 milliards par mètre cube au lac Kivu seul. D'autres endroits sont encore inexplorés quant au biogaz.

• Biocarburants : La potentialité ici est aussi vaste. La distillerie de Kiliba en RDC en est un exemple. Mais cette expérimentation est malheureusement tombée en ruine suite aux multiples guerres dans la région ; le travail est arrêté, et il n'y a aucune indication que cette distillerie de biocarburant recommencerait à fonctionner bientôt.

• Énergie de la géothermie : Il y a une énorme potentialité géothermique dans l'Est de la RDC qui abrite des volcans et des sites géothermiques actifs, mais cela est à peine exploité. Les sources géothermiques qui sont connues en RDC s'élèvent à des températures qui vont de 35 à 90°C, et la moyenne de débit de ces sources géothermiques va de 11 à 162 litres/sec.

• Hydroélectricité : La RDC possède de très grandes ressources hydroélectriques. La potentialité hydroélectrique en RDC est estimée à 774 GWh, soit 66% du potentiel de l'Afrique centrale, 35% du potentiel de tout le continent africain, et 8% du potentiel du monde entier. Il existe déjà des barrages hydroélectriques importants en RDC qui sont sous-utilisés, sous-exploités et mal entretenus ; et il existe aussi d'énormes potentialités pour le développement de nouvelles ressources hydroélectriques en RDC.

Peuple de la RDC, le mot « délestage » devenu familier dans le langage à Kinshasa (capitale politique du pays) est une insulte pour la RDC. Avec toutes les ressources immenses d'énergie dans ce pays, comment peut-on accepter de vivre le délestage comme une réalité normale dans la capitale nationale ? Et toute la RDC dans l'obscurité permanente ? C'est simplement incompréhensible. Ce n'est pas sans raison que tous en RDC blâment le gouvernement de la RDC pour le délestage et l'obscurité nationale permanente, car ce n'est plus un secret pour personne que le gouvernement de la RDC n'est pas à la hauteur de ses responsabilités devant la Nation. Dans une conversation privée avec les membres du gouvernement de la RDC, tous reconnaissent que le gouvernement est incompétent, égoïste, malhonnête, et constitué de prédateurs dont l'unique préoccupation est l'enrichissement illicite, le détournent des deniers publics, le pillage des richesses du pays pour remplir leurs poches.

Mais chacun dira que c'est l'autre membre du gouvernement, l'autre groupe des membres du gouvernement, l'autre camp, qui est responsable de la situation misérable du pays. Le président de la République accuse des ministres et gouverneurs d'être responsables de corruption ; un groupe de députés, ministres et gouverneurs accuse le président de la République d'être le commandant en chef de l'échec national et de la faillite du pays.

Le fait que les uns et les autres s'accusent de prédation et de corruption avec des preuves convaincantes prouve que tous sont des prédateurs et des corrompus ; tous sont coupables et constituent la raison fondamentale de l'échec et de la faillite du pays. Il est donc clair que le premier pas pour la renaissance de la RDC, pour qu'advienne le miracle techno-socio-économique en RDC, doit commencer par la dotation de ce pays de nouveaux leaders qui soient compétents, honnêtes, et déterminés à gérer les affaires du pays avec transparence.

Les pas qui doivent suivre ce premier pas, c'est la mise sur pied de programmes et financements pour encourager et motiver les citoyens congolais à s'engager dans la création de centres de formation et d'écoles où sont formés des ingénieurs électriciens, mécaniciens, et techniciens qui ont les connaissances techniques et le savoir-faire nécessaires pour la production et distribution d'électricité à partir des abondantes sources d'énergie renouvelables dont dispose la RDC. Ainsi, de nombreux jeunes gens vont acquérir des connaissances qui leur permettront de développer la pratique de fabrication, de montage et d'installation de systèmes et de technologies pour la production et la distribution d'énergie électrique. Ce sont ces jeunes techniciens et entrepreneurs qui doivent recevoir le support financier pour créer des usines où ils fabriquent des fils électriques, des isolants, des amplificateurs, des ampoules, des systèmes de transmission de courant à haute tension, des compteurs numériques, des voltamètres et ampèremètres, et d'autres outillages ou équipements. D'autres jeunes entrepreneurs, hommes et femmes d'affaires, vont utiliser ces équipements et outillages pour créer des systèmes de distribution d'énergie et de courant électrique dans les villages, communautés rurales et urbaines, et dans toute la RDC.

Comme ci-dessus expliqué, on peut clairement voir qu'avec un gouvernement compétent, honnête, capable de créer un environnement d'appui, de support et de motivation des habitants de la RDC, le miracle techno-socio-économique dans le domaine de l'énergie est réalisable dans un délai plus ou moins court. Car, placés dans un tel environnement, les jeunes techniciens et entrepreneurs, les femmes et hommes d'affaires vont créer des laboratoires et centres de recherche, des entreprises et des usines pour la production et distribution d'énergie qui créeront des millions d'emplois et endigueront ainsi le chômage et la pauvreté en RDC.

5. Recherches maritimes et du sol

La RDC est riche en fleuves, lacs, rivières et cours d'eau de grande importance, y compris même l'océan (Atlantique). Comprendre la composition et la qualité de l'eau, étudier et comprendre le mouvement de l'eau des lacs, des rivières, des ruisseaux et de l'océan ; comprendre d'où viennent ces eaux et leurs débits, etc., est essentiel pour la santé humaine et la protection de l'environnement. Étudier et comprendre les sédiments au fond des lacs, rivières et cours d'eau, et au fond de l'océan, ainsi que l'origine de ces sédiments, c'est très important pour résoudre les problèmes de qualité de l'eau et pour comprendre les effets du changement climatique sur l'écosystème.

Quant au sol, celui-ci est une ressource naturelle vitale souvent ignorée en RDC parce que l'on marche dessus ; et souvent on considère le sol comme simple poussière ou sable. L'importance du sol en RDC se résume en agriculture et en creusement pour toutes sortes de minerais. C'est en fait la culture du ramassage pratiquée par les premiers homosapiens depuis des millions d'années. Avec l'avancée de la technologie, le sol est mieux étudié et compris au-delà de la culture du ramassage qui est élémentaire et primitive. Avec la destruction des forêts et les dégradations du sol, il devient urgent de comprendre que le système alimentaire dépend de la protection d'un sol riche et d'un écosystème terrestre sain. Le sol devrait et doit être compris pour son rôle de laboratoire et bibliothèque où l'histoire humaine est partiellement conservée. Est-ce que cette notion du sol est comprise en RDC ?

- Le domaine de l'archéologie : Le sol peut révéler des informations importantes sur les climats anciens, sur la géologie et sur les peuples. Les archéologues par exemple étudient les anciens habitats et autres facteurs culturels en examinant le sol. Souvent, des réalités historiques monumentales sont enfouies sous le sol, réalités qui ne deviennent connues qu'à travers des découvertes archéologiques.
- La biologie du sol : Les organismes vivant dans le sol sont essentiels pour le maintien de la qualité et de la structure du sol, ainsi que du bon fonctionnement de l'écosystème. Il est donc crucial d'étudier et de comprendre ces organismes qui aident le sol à résister à l'érosion. Ces organismes aident à préserver la disponibilité des eaux et aident aussi avec la

décomposition des matières naturelles qui engendrent le cycle des nutriments.

- La chimie du sol : C'est l'étude de la composition, des propriétés et des réactions chimiques qui se produisent dans le sol et qui influencent aussi l'environnement et la qualité même du sol.
- La physique du sol : C'est l'étude qui permet d'arriver à une bonne compréhension des propriétés physiques du sol. Cette étude est importante pour la bonne gestion agronomique du sol, de la qualité de l'eau et du changement climatique. La physique du sol étudie entre autres le transport de l'énergie, de l'eau, des solubles, et de gaz à travers les structures du sol.
- La pédologie : C'est l'étude du sol et de ses structures pour comprendre des sujets tels que les voies évolutives des écosystèmes et les interactions humaines avec le sol au cours des siècles.
- La fertilité du sol : Ceci est essentiel pour continuer à pratiquer des cultures saines. Étudier et rechercher comment améliorer la fertilité et la qualité du sol sont importants pour les productions agricoles et la réduction de la famine, ainsi la conservation de la forêt.

Peuple congolais, voilà encore un autre domaine, celui du sol, où la RDC pourrait s'impliquer à travers son gouvernement et ses habitants pour créer des entreprises, des laboratoires et centres de recherche agricoles ou agro-alimentaires dans les villages, communautés rurales et centres urbains pour faire des découvertes, des inventions et améliorer les productions agricoles. Les opportunités sont immenses dans le domaine maritime et d'études du sol. Des millions d'emplois peuvent être créés dans ce domaine. Ces millions d'emplois vont endiguer le chômage et la pauvreté en RDC et ses pays voisins. Des musées nationaux et régionaux peuvent être construits pour sauvegarder les grandes découvertes archéologiques de la RDC, ce qui constituerait non seulement une fierté nationale mais aussi une source de revenus touristiques importante. C'est cela le miracle techno-socio-économique que la RDC peut commencer immédiatement à réaliser.

6. Infrastructures de transport et de communication

La RDC est vaste et en déficit d'infrastructures de transport : les voies routières, ferroviaires, fluviales, maritimes, et aériennes sont rudimentaires et en mauvais état à travers tout le pays. C'est de l'aventure pénible, sinon impossible, de tenter de voyager à travers toute la RDC en empruntant l'une ou l'autre voie précitée. Les villages et communautés rurales sont isolés les uns des autres. La vie des habitants de la RDC est très locale. À tire d'exemple : des millions de gens qui sont nés à Kinshasa (la capitale politique de la RDC) n'ont jamais mis les pieds à Maluku (environ 80 kilomètres de Kinshasa), ou à Kisantu (environ 120 kilomètres de Kinshasa). Les villes et centres urbains à l'intérieur de la RDC, comme Bondo, Isangi, Kikwit, Kindu, Kolwezi, ou Yakoma, ne sont pas du tout connus par la plupart des gens qui vivent à Kinshasa. Des millions d'habitants de Kinshasa n'ont aucune idée sur ces villes et centres urbains qui se trouvent à l'intérieur du pays tellement les gens sont isolés et s'ignorent les uns les autres.

Comme conséquence de l'isolement, les gens ignorent qui est leur voisin ; ils ignorent ce qui se passe non loin d'eux. La rareté des médias pour informer les gens de façon objective rend la situation d'isolement pire. Un tel isolement et une telle ignorance peuvent bel et bien être à la base des suspicions et incompréhensions entre les communautés et groupes ethniques en RDC car, ne connaissant pas les autres groupes ethniques, ou les connaissant d'une manière assez vague, on prête à l'autre la source de son malheur. C'est la tribu voisine qui ensorcèle et cause la sécheresse. C'est l'autre tribu qui est à l'origine de l'invasion des insectes qui ont détruit la moisson de cette saison. Ce sont les autres tribus qui en veulent au président de la République qui est de notre tribu. La conséquence au niveau de la politique nationale est que le ministre de la Défense, les généraux et commandants des armées, de la police, les agents et forces de sécurité doivent forcément être de la tribu ou de la province du président de la République pour mieux le protéger. C'est le tribalisme ou le régionalisme qui remplace la compétence et l'expertise.

La vision présentée dans ce livre conduit à l'avènement du miracle techno-socio-économique ; ainsi la mobilité et la communication en RDC sont à l'avant-plan et vont naturellement éliminer l'isolement qui est l'une des causes des divisions et suspicions entre les tribus et groupes ethniques en RDC, avec toutes les conséquences déshumanisantes qui en découlent. Il y a simplement beaucoup à faire dans ce domaine des transports et des communications.

• Réseaux routiers : La planification, la construction, l'entretien et la gestion des routes, des rues et avenues tant dans les villes que dans les zones rurales sont vitaux pour la mobilité requise par le style de vie moderne. Cela inclut aussi le réseau de routes et autoroutes nationales et régionales.

• Chemins de fer : La planification, la construction, l'entretien et la gestion des chemins de fer et des gares ferroviaires sont essentiels pour le mouvement des masses et des biens en RDC.

• Voies maritimes : La planification, la construction, l'entretien et la gestion des ports et des bateaux commerciaux sont essentiels pour la vitalité de l'économie nationale et régionale.

- Réseau des voies aériennes : La planification, la construction, l'entretien et la gestion des aéroports, allant de l'agrandissement et de la rénovation des installations existantes à la construction de nouveaux aéroports, sont essentiels pour le rythme de vie rapide requis par le phénomène de la mondialisation.
- Téléphone, internet et médias : Personne ne peut ignorer l'importance cruciale des téléphones mobiles, d'internet et des médias pour l'information et le désenclavement des peuples à travers le monde.

Ce n'est un secret pour personne que la RDC est parmi les derniers du monde en matière de transport et communication. La renaissance techno-socio-économique que ce livre envisage offre ce qui suit : les habitants de la RDC doivent être stimulés, appuyés et encouragés à travers des programmes concrets de formation et de financement pour qu'ils puissent acquérir et développer les connaissances, les compétences et les capacités nécessaires pour construire les infrastructures de transport et de communications ; pour être capables de créer des matériaux et des outils nécessaires pour entreprendre la planification, la construction, l'entretien et la gestion de ces infrastructures de transport et de communication.

Avec cette vision, des millions de jeunes diplômés universitaires, des millions de jeunes filles et jeunes garçons à travers les villages, communautés rurales et urbaines, des millions de femmes et d'hommes d'affaires de la RDC vont se lancer dans la création de compagnies et d'entreprises, de centres d'études et de recherche, etc., consacrés aux travaux de planification, de construction, d'entretien et de gestion des infrastructures de transport et de communication. Il y aura explosion des compagnies pour la construction et réparation des routes, la construction et l'entretien des chemins de fer, la construction et l'entretien des ports et aéroports, la fabrication ou le montage de voitures, de trains et des locomotives, le montage de bateaux et de avions, etc. Les jeunes filles et jeunes garçons talentueux de la RDC vont maîtriser l'électronique et les technologies de pointe pour lancer des entreprises et usines de production de logiciels et de fabrication d'ordinateurs. Les compétences, connaissances et habiletés pour produire des téléphones, des systèmes et composants d'appareils électroniques, électromécaniques et électroménagers seront développées et maîtrisées par les jeunes congolais. Tout cela va se traduire en millions d'emplois qui vont résoudre le problème du chômage et de la pauvreté dans le pays.

Ce que le gouvernement de la RDC doit faire, c'est en premier lieu cesser d'être un obstacle, et en deuxième lieu encourager et subventionner les efforts et projets des habitants de la RDC, gérer avec transparence et sans corruption les fonds publics et les affaires de l'État, motiver et appuyer les talentueux citoyens congolais dans leurs efforts de lancer leur pays parmi les grandes puissances productrices et exportatrice d'électronique et de technologies modernes de transport et communication.

7. Manufacture et industrialisation

C'est un fait que la RDC n'est pas capable de convertir ses abondantes matières premières en produits finis ou semi-finis. La RDC demeure consommatrice pure et importatrice de tout, sauf des matières premières. C'est la voie la plus sûre de demeurer déficitaire dans la balance commerciale. L'exportation des matières premières et des produits agricoles ne suffit pas et ne suffira pas à faire de la RDC un pays économiquement compétitif et viable. Le développement de la RDC doit passer par l'industrialisation, la maîtrise de la technologie moderne, et la fabrication de produits finis tels que moteurs de voitures, voitures, trains, avions, bateaux, électroménager, ordinateurs et logiciel, machines lourdes, et pièces de rechange pour ces machines, etc.

Ce ne sont pas des jeunes filles et jeunes garçons talentueux qui manquent dans ce pays. C'est l'environnement sociopolitique sain qui favorise et promeut ces jeunes Congolais talentueux qui manque. C'est l'environnement où il n'y a pas de corruption, où il y a bonnes gestion et gouvernance, où il y a encouragement pour la créativité, c'est ce type d'environnement qui manque en RDC. C'est la paix et la stabilité qui manquent. C'est un gouvernement crédible, compétent, honnête pour stimuler et encourager ces jeunes talentueux qui manque.

L'avènement du miracle techno-socio-économique offre une vision pour transformer ce qui manque en ce qui doit être. Il s'agit de mettre sur pied, de façon urgente et prioritaire, des institutions nationales gérées par des personnes crédibles, compétentes et honnêtes. Ces personnes vont appliquer des programmes concrets de formation et financement des jeunes filles et jeunes garçons talentueux, des femmes et des hommes d'affaires afin qu'ils puissent traduire leurs multiples talents en création de compagnies et entreprises de transformation des matières premières de la RDC en produits finis ou semi-finis sur place. Ces jeunes talents vont installer dans les villages, milieux ruraux, communes et centres urbains des centres et instituts de recherches, des laboratoires, et des usines de montage de voitures, locomotives, bateaux et d'avions, ou de fabrication de pièces de rechange de ces voitures, locomotives, bateaux et avions.

Il s'agit d'éliminer l'environnement sociopolitique du blocage qui ne permet pas aux jeunes talents de la RDC de réaliser le miracle techno-socio-économique et démocratique de notre siècle. Un environnement où les salaires des fonctionnaires de l'État ne sont pas payés ou sont payés rarement est un blocage au miracle du décollage techno-socio-économique. Un environnement où les forces de la police, les forces armées et de sécurité ne sont pas bien entraînées, bien équipées, et bien payées pour faire leur travail de défendre et protéger le peule est un blocage au miracle techno-socio-économique. C'est ce blocage qui pousse les fonctionnaires de l'État à la corruption. C'est ce blocage qui pousse les soldats, policiers et agents de sécurité à terroriser et ravir par la force les biens des populations civiles pour en vivre. Aucun pays au monde ne peut réaliser le développement économique et démocratique avec un tel blocage.

Voilà pourquoi les messages de Patrice Lumumba et de Nelson Mandela présentés dans les chapitres précédents sont un appel urgent, une invitation urgente ; ces messages sont cruciaux et extrêmement importants pour libérer la RDC et son peuple, afin qu'ils puissent récupérer ce qui reste de leur dignité et jouer leur rôle naturel de leadership dans la région des Grands Lacs et en Afrique centrale, leadership technologique, industriel, et économique en Afrique et dans le monde.

8. Recherches spatiales

Dans le domaine spatial, allons juste à l'essentiel et au fondamental, rien de sophistiqué. Tout le monde voit que des avions transportent de nombreuses personnes et beaucoup de marchandises pour voler dans l'air pendant des heures et des heures. Y a-t-il quelque chose dans l'air, dans l'atmosphère qui rend ce trafic aéroporté possible ? Tout le monde voit la formation de nuages dans l'atmosphère et parfois la pluie tombe à la suite. Qu'est-ce qui explique la formation de nuages ? Pendant la nuit, on peut voir des étoiles dans le ciel ; certaines de ces étoiles paraissent parfois se déplacer à toute vitesse ; d'autres paraissent fixes et brillantes. Ces étoiles sont à quelle distance de la terre ? Quelles sont les dimensions de ces étoiles ? Sont-elles larges, petites, lourdes, légères ? Est-ce qu'un jour certaines de ces étoiles peuvent s'écraser sur la terre ? Il y a le soleil, les planètes, et quoi d'autre y a-t-il dans l'espace ? Qu'en est-il de la lune où les astronautes américains ont débarqué ? Quels sont les effets d'autres planètes et du système solaire sur la terre ? Est-ce que le soleil disparaîtra définitivement un jour ? Ne sont-elles pas là des questions intéressantes qui stimulent la curiosité ?

Peuple congolais, l'espace demeure un champ vaste d'exploration et de découvertes. La contribution des Africains y est attendue. La RDC doit relever ce défi. Mais combien d'entreprises locales, combien de laboratoires et centres de recherche sont établis par les hommes et femmes d'affaires de la RDC ou par le gouvernement de la RDC pour s'impliquer dans les recherches spatiales ? Combien d'entrepreneurs de la RDC se sont lancés dans la création de compagnies et usines pour monter ou fabriquer des télescopes et des outils de recherches spatiales ?

Voilà encore un autre domaine où les habitants de la RDC peuvent créer des millions d'emplois, développer des technologies et appareils de recherches qui vont être vendus et exportés à travers le monde. C'est de l'argent qui va rentrer en RDC et enrichir ses habitants tout en éliminant le chômage et la pauvreté. La renaissance techno-socio-économique de la RDC nécessite que les citoyens congolais soient encouragés, stimulés et appuyés pour se lancer dans le domaine de la recherche spatiale, collaborer avec des pays déjà engagés et avancés dans ce domaine, et ainsi contribuer à l'effort mondial de la conquête de l'espace au bénéfice de l'humanité. Le peuple congolais sera ainsi respecté et admiré dans le monde entier pour une telle contribution.

9. Défis convertible en opportunités économiques

En RDC, on apprend à l'école secondaire que l'eau potable est « incolore, inodore et insipide », mais lorsqu'on sort de la salle de classe, l'eau que l'on consomme est insalubre, bourbeuse, colorée, et quelquefois dégage une mauvaise odeur. La situation sanitaire dans les milieux urbains en RDC est extraordinairement médiocre, et ce n'est pas mieux dans les villages et milieux ruraux. Le manque d'hygiène contribue à la mort de milliers de personnes chaque année dans ce pays, en particulier à la suite de maladies comme la diarrhée.

Le paludisme tue des milliers de personnes en RDC chaque année, principalement des enfants de moins de cinq ans. Manque de drainage d'eau de pluie, manque de conduites d'eaux sales des toilettes et d'autres sources, latrines mal soignées, logements inadéquats, manque de collecte des immondices et déchets jetés partout dans les rues et autour des maisons, la déforestation et la perte de la biodiversité, tous ces facteurs contribuent aux maladies comme la malaria et le paludisme transmis de personne à personne par les moustiques.

La congestion dans les grandes villes et grands centres de la RDC est affreuse. L'usage des vieilles voitures qui font des taxis en désordre ; ajoutées à cela les routes poussiéreuses des villes et cités, tout cela cause de la pollution atmosphérique urbaine terrible. Malgré la loi sur papier qui interdit l'importation des vieilles voitures d'avant 2005 en RDC, ces vieilles voitures d'avant 2005 entrent par containers déclarés comme marchandises au port de Matadi ou de Boma. L'importateur paye de pots-de-vin aux douaniers afin que l'on ne puisse pas ouvrir le container au port. Alors le remorqueur transporte ces containers remplis de vieilles voitures d'avant 2005 à Kinshasa où elles sont revendues pour servir de taxi ou pour usage personnel. Ces vieilles voitures émettent des pollutions terribles. En conséquence, les habitants des milieux urbains comme Kinshasa souffrent d'allergies, de typhoïde et de problèmes respiratoires chroniques.

Peuple congolais, gouvernement Congolais, fonctionnaires congolais, intellectuels congolais, pasteurs et chefs religieux congolais, artistes et musiciens congolais, jeunesse congolaise, ces défis constituent en effet des opportunités pour créer des entreprises pouvant résoudre ces multiples fléaux qui rongent la RDC. Il faut en fait des centres de traitement et purification des eaux usées et sales qui viennent des populations urbaines et rurales. Il faut des centres pour tester chaque année le degré de polluants émis par chaque voiture. Il faut des services de drainage des eaux de pluie. Il faut des appareils médicaux pour détecter les types de microbes qui attaquent les gens, des appareils pour diagnostiquer les maladies, et la liste continue.

La renaissance techno-socio-économique présentée dans ce livre offre une vision claire : ce sont les citoyens congolais qui doivent produire, monter ou fabriquer ces outils de travail ou ces appareils médico-sanitaires sur place. Il faut absolument éliminer l'environnement de blocage qui empêche les jeunes filles et jeunes garçons, les femmes et hommes d'affaires de la RDC de créer des laboratoires et centres de recherche pour développer des techniques, systèmes et outils pouvant résoudre ces différents problèmes. Il faut absolument mettre en place un environnement sociopolitique qui stimule et encourage les habitants de la RDC à se mettre eux-mêmes au travail pour résoudre ces problèmes de manque de latrines convenables, de pollution, de poussières, de malaria et de paludisme. De cette façon, non seulement les populations congolaises seront fières de résoudre leurs problèmes par elles-mêmes, mais elles vont en même temps créer des millions d'emplois pour elles-mêmes, et ainsi endiguer le chômage et la pauvreté en RDC.

10. Chemin de prospérité économique

Ci-dessous est un sommaire de stratégie pour l'avènement du miracle techno-socio-économique en RDC et en Afrique. Les points relevés ci-dessous doivent être utilisés simultanément et conjointement avec des plans spécifiques d'action conçus en fonction des réalités courantes et urgentes. Le résultat sera un meilleur rendement en termes de prospérité économique et bien-être pour tous.

10.1 Prémisses : renforcement structurel

- La renaissance techno-socio-économique nécessite la dotation de la RDC de nouveaux leaders crédibles, compétents et honnêtes. Ceux-ci vont transformer le gouvernement et les institutions nationales en catalyseurs de développement à travers les programmes de formation et programmes de financement concrets. Le gouvernement et les institutions de la République devront être épris d'éthique et déterminés à éradiquer la corruption et la mauvaise gestion. Le gouvernement et les institutions officielles de l'État devront s'engager pleinement (farouchement), comme jamais vu avant, à promouvoir le dialogue, la justice et la réconciliation entre les différents groupes ethniques dans les villages, les villes et dans la région. Le gouvernement et les institutions étatiques devront travailler avec la communauté internationale et les

ONG internationales, les entreprises, les investisseurs et bailleurs de fonds pour stimuler et encourager l'émergence de sociétés civiles robustes qui vont créer des entreprises, manufactures, centres de recherches et faire fleurir la RDC.

• La renaissance techno-socio-économique nécessite que le gouvernement et les institutions de la RDC s'impliquent très sérieusement dans l'effort constant de créer et maintenir un environnement sociopolitique qui libère l'esprit d'entreprise des jeunes dans les villages, les communautés rurales et urbaines à travers un éventail de programmes d'expérience pratique et d'auto-assistance qui vont :

(1) promouvoir la culture et l'esprit d'entreprise, encourager les jeunes des villages et communautés rurales à créer des entreprises plutôt que de chercher des emplois rémunérés qui n'existent pas ; ce qui justifie le taux élevé de chômage des jeunes aujourd'hui ;

(2) encourager et soutenir les jeunes afin qu'ils soient capables de s'organiser, réfléchir sur leurs problèmes, identifier les défis et inventer des solutions locales aux problèmes locaux de leurs communautés.

• La renaissance techno-socio-économique nécessite aussi l'élément suivant : encourager et promouvoir des plateformes (conférences, médias traditionnels et modernes) pour permettre aux habitants de la RDC de partager des idées novatrices sur comment relever les défis urgents, sur la meilleure façon de faire avancer les priorités, et sur les moyens les plus efficaces pour réaliser des projets déjà en cours. Ceci démontrera l'effort des dirigeants pour la transparence et la bonne gouvernance, ainsi les populations vont sentir qu'elles sont partie prenante dans la recherche des solutions aux problèmes de leur pays. En conséquence, les gens auront foi dans leur gouvernement, donneront support aux programmes du gouvernement, et les gens ne supporteront pas des rébellions et groupes armés qui seront perçus comme des perturbateurs de l'effort de développement économique en cours. Et même ceux qui sont engagés dans des rébellions, ou qui pensent s'y engager, vont voir qu'il vaut mieux créer des entreprises et faire beaucoup d'argent que de se cacher dans la brousse avec des armes pour combattre et finir par se faire tuer inutilement.

- La renaissance techno-socio-économique nécessite que les sources de connaissance soient disponibles et à la portée des habitants du pays. Par exemple : créer des bibliothèques publiques électroniques pour mettre à la disposition des habitants l'information et la science. Concrètement, il s'agit d'établir des bibliothèques publiques dans chaque commune rurale et urbaine. Chaque bibliothèque va disposer d'ordinateurs connectés au système intranet national. Ce système intranet cataloguera des informations alphabétiquement sur comment les choses sont faites ; comment on développe et comment on fabrique des choses, comment les choses fonctionnent, etc. Si par exemple quelqu'un veut savoir comment on fabrique des pneus de bicyclette ou pneus de voiture, cette personne va dans l'ordinateur et cherche le mot « pneu » pour lire l'information recherchée. Cette personne va avoir accès à tout ce qui est écrit sur comment on fabrique des pneus ou comment les pneus fonctionnent, etc. Ainsi, les habitants de la RDC auront accès à l'information et au savoir nécessaires pour développer les connaissances, les compétences, et les capacités dont ils ont besoin pour inventer ou adopter et adapter les inventions qui existent déjà.

10.2 Actions directes pour endiguer le chômage et la pauvreté

- L'établissement des bibliothèques électroniques publiques permettra d'embaucher des millions de jeunes ingénieurs et techniciens pour maintenir les logiciels, les ordinateurs et assurer qu'il y ait de l'électricité en permanence.
- Lancement de programmes de réparation, réhabilitation, reconstruction et construction des infrastructures de transports : chemins de fer et gares, voies maritimes et ports, voies aériennes et aérogares, routes et avenues dans les milieux urbains, etc. Les jeunes diplômés universitaires, les jeunes filles et jeunes garçons entrepreneurs, les femmes et hommes d'affaires de la RDC seront entraînés, encouragés, stimulés et appuyés financièrement pour réaliser ces projets de construction et réhabilitation des infrastructures de transports. Comme première conséquence, des millions de Congolais vont créer des millions d'emplois pour eux-mêmes. Comme deuxième conséquence, les villages, les milieux ruraux et les villes seront bien reliés de façon à stimuler la mobilité et le commerce. Comme troisième conséquence, les populations vont parcourir la région, découvrir d'autres groupes ethniques et apprendre les uns des autres ; ce qui éliminera les préjugés ethniques et les tensions qui naissent par ignorance et par manque d'interaction entre les populations de la RDC.
- Encourager, promouvoir et créer des programmes d'électricité pour tous. La RDC seule a de nombreux barrages et stations hydroélectriques qui sont négligés et sous-utilisés. Les jeunes ingénieurs, entrepreneurs, hommes et femmes de la RDC devront être supportés et financés pour réhabiliter ces barrages, les réseaux électriques, les lignes à haute tension, etc., afin de distribuer et maintenir l'électricité sur toute l'étendue de la

RDC. Ils vont aussi réhabiliter la production d'énergie à partir des ressources renouvelables d'énergie telles que les ressources éolienne, solaire, marémotrice, biogaz, etc. Ceci va certainement créer des millions d'emplois pour des millions de jeunes chômeurs, de diplômés universitaires, d'ingénieurs et techniciens, et faire naître des entrepreneurs en quantité et qualité considérables en RDC.

- Agriculture : Lancer des programmes de formation et de vulgarisation des nouvelles techniques agricoles afin que l'agriculture puisse produire plus sans causer la déforestation et l'appauvrissement ou l'épuisement du sol.
- Mine : Établir des programmes de formation des mineurs artisanaux qui meurent chaque année dans les mines en raison de conditions dangereuses de l'exploitation minière artisanale. En outre, encourager et coordonner avec ceux qui font l'exploitation minière industrielle pour protéger l'environnement afin que nous puissions léguer aux générations futures un pays et une planète qui ne sont pas complètement ruinés.
- Lancer et coordonner des programmes de réforme des écoles afin que l'éducation scolaire et académique soit appliquée à l'entrepreneuriat et à résoudre les problèmes de la société. Tout le monde est d'accord que les écoles et universités tant privées que publiques qui existent actuellement en RDC sont inutiles, inefficaces et médiocres. Si cela n'était pas vrai, la RDC devrait se retrouver parmi les pays industrialisés et développés. Ce qui n'est pas le cas. Il s'agit donc d'assister techniquement et financièrement toutes les écoles et universités existantes à se transformer en écoles et universités appliquées où l'on forme des techniciens, experts et spécialistes de haute compétence afin que les diplômes puissent réellement signifier le niveau de qualification et d'expertise. La réforme scolaire et académique devra inclure la maîtrise

des langues locales et des langues étrangères (française, anglaise, etc.) afin de préparer les scientifiques et intellectuels congolais à collaborer efficacement avec les inventeurs et entrepreneurs du monde entier.

- Défense et sécurité nationales : Priorité sur la formation technique et professionnelle des militaires et policiers. Les militaires devront être formés comme des ingénieurs, des pilotes, des pompiers, des médecins, des experts en stratégie de guerre et mission de paix, etc. Les militaires et policiers devront être bien formés, bien équipés et bien payés. Ils n'auront donc pas besoin de rançonner les populations civiles pour survivre, ou de vendre leurs armes aux civile ou même aux rebelles pour survivre – comme c'est le cas actuellement. Les militaires et policiers vont se consacrer entièrement à leur mission de défendre et protéger les populations civiles. Ils seront compétents, respectueux et respectés, aimés et honorés de leurs concitoyens.

- Une forte banque centrale d'intérêt national est absolument nécessaire. En outre, la mise sur pied d'un fonds de développement national (géré de façon transparente par un comité indépendant composé des nationaux, investisseurs étrangers, membres des ONG internationales et locales, membres des organisations internationales, bailleurs de fonds, personnalités des sociétés civiles et religieuses, etc.) est urgente et importante. Ce fonds national de développement aura pour premier objectif de stimuler, encourager et appuyer des entreprises et microprojets de développement des habitants des villages, zones rurales et urbaines, afin de renforcer et promouvoir l'entrepreneuriat à travers les villages, communautés rurales et urbaines à travers le pays. Le deuxième objectif de ce fonds national de développement sera le financement, ou le cofinancement, ou de garantir des crédits pour le cofinancement des grands projets de développement décrits ci-dessus.

10.3 Remarque conclusive

Les points ci-dessus mentionnés sont conçus de façon à conduire effectivement à la renaissance techno-socio-économique en RDC et en Afrique. C'est une vision qui placera effectivement la RDC sur le chemin de la prospérité économique et du bien-être social. Cette vision est capable de transformer la RDC en pays d'inventeurs, d'innovateurs, et d'entrepreneurs. Ceci peut se réaliser très rapidement parce que c'est ce que tout le monde veut. Tout le monde veut vivre une vie heureuse, une vie paisible, une vie où les travaux de ses propres mains rapportent une bonne rémunération, une vie vécue avec dignité. En effet, les rebelles désirent la même vie de paix et dignité. Les soldats, policiers et agents de sécurité désirent la même chose. Les membres du gouvernement, l'exécutif, le législatif, le judiciaire, tous désirent la même chose. Les populations civiles de la RDC désirent la même chose. C'est pour arriver à ce que tout le monde désire que ce livre formule et propose cette vision claire de la renaissance techno-socio-économique en RDC et en Afrique.

IV
VISION SOCIOPOLITIQUE POUR UNE RENAISSANCE TECHNO-SOCIO-ECONOMIQUE

Le changement ne viendra jamais si nous attendons cela d'une autre personne ou à un autre moment. Nous sommes ceux-là que nous attendions depuis. Nous sommes le changement que nous cherchons.

— Barack Obama

Rappelez-vous toujours que vous avez en vous la force, la patience et la passion pour changer le monde.

— Harriet Tubman

Le plus grand leader n'est pas nécessairement celui qui fait les grandes choses, mais plutôt celui qui fait que les gens fassent les plus grandes choses.

— Ronald Reagan

Ne cherchez pas avant tout ce que votre pays peut faire pour vous, mais cherchez plutôt ce que vous pouvez faire pour votre pays.

— John F. Kennedy

1. La vision

La vision sociopolitique pour la renaissance techno-socio-économique en RDC consiste en la mobilisation des citoyens congolais pour gérer efficacement les immenses ressources du pays, convertir les matières premières en produit finis et semi-finis, et devenir un peuple de créateurs, d'inventeurs, innovateurs et entrepreneurs. Cette vision sociopolitique nécessite la mise en place d'un gouvernement et d'institutions nationales qui donnent des résultats escomptés, combattent la corruption sous toutes ses formes, et fonctionnent avec transparence. Il s'agit d'un gouvernement et d'institutions nationales qui travailleront jour et nuit pour promouvoir le dialogue et la réconciliation entre les groupes ethniques dans les villages, milieux ruraux et urbains, et à travers toute la RDC. Il s'agit d'un gouvernement et d'institutions nationales qui devront collaborer effectivement avec la communauté et les organisations internationales pour bâtir des sociétés civiles robustes et créatrices qui feront advenir le miracle techno-socio-économique en RDC.

2. La mission

La mission c'est de promouvoir l'interaction des populations de la RDC à travers de multiples programmes et sensibilisations ; organiser et promouvoir des dialogues entre les différents groupes ethniques dans les villages et villes pour avancer la compréhension mutuelle entre les tribus et groupes ethniques, avancer la paix et la sécurité, la liberté et la prospérité en RDC. Concrètement, il s'agira de :

(1) mettre sur pied des programmes et activités culturel qui renforcent la coopération entre les groupes ethniques ;

(2) organiser des programmes pratiques pour renforcer les capacités des organisations locales et nationales à répondre aux besoins locaux par les moyens locaux, à vaincre le désespoir, réduire et éliminer le chômage et la pauvreté en RDC ;

(3) construire des infrastructures de transports et de communications qui relient les villages, villes et cités, pour augmenter la mobilité et l'interaction des habitants afin que les différents groupes ethniques puissent se connaître, s'apprécier, et ainsi dissiper les préjugés et l'ignorance souvent à l'origine de la méfiance, des

incompréhensions et des manipulations qui provoquent des conflits armés ;

(4) ouvrir la RDC à ses ressortissants et descendants de la diaspora et aux investisseurs étrangers qui désirent vivre, travailler et prospérer dans ce pays et, de concert avec les citoyens congolais, soigner et protéger l'environnement dans lequel eux tous vivent, travaillent et prospèrent.

3. Leadership qui unifie vision et mission

3.1 Le courage des populations de la RDC

Cela fait des décennies que les guerres causent des millions de morts, de handicapés, de veufs et veuves, et de orphelins en RDC. Les gens ont subi des tortures et humiliations terribles et continuent à être soumis à des oppressions par les différents groupes armés. Les habitants de ce pays sont doués de talents et courage extraordinaires, car, malgré les conditions de guerre les gens ne désespèrent pas totalement. Les Congolais courageusement prennent soin de leurs malades, veuves, veufs et orphelins ou autres victimes des conflits armées. Oui, les Congolais sont des gens indomptables qui luttent pour survivre au jour le jour tout en maintenant ce qui reste de leur dignité. Le courage des populations de la RDC est un exemple qui démontre au monde que rien ne peut briser la force intérieure qui est dans le cœur des gens, et qu'il ne faut jamais se décourager devant les obstacles de la vie. Placés dans des conditions de paix et stabilité, les citoyens congolais sont capables de développer des institutions démocratiques et économiques fortes et exemplaires. La vision sociopolitique ici présentée entend renforcer et promouvoir le courage des habitants de ce pays.

3.2 Renforcer le courage des populations de la RDC

C'est le monde entier qui reconnaît le courage et les talents extraordinaires des habitants de la RDC. Les populations congolaises ont des cultures riches et diversifiées. Leurs traditions et valeurs familiales sont fortes. Il s'agit de promouvoir ces valeurs culturelles, familiales et sociales qui ont soutenu et qui soutiennent les habitants de ce pays à surmonter avec dignité les multiples guerres et adversités qui les accablent. Par exemple, les populations congolaises sont restées soudées les unes aux autres en dépit des idéologies et rébellions armées qui ont à maintes reprises tenté de les opposer et les diviser afin que la RDC soit balkanisée et explosée en plusieurs petites républiques (partagée en fonction des groupes ethniques). C'est ce courage des populations de la RDC qu'il s'agit de renforcer à travers les échanges culturel et économiques pour que les différents groupes ethniques sachent que les guerres ne rapprochent pas, mais plutôt divisent, opposent, et conduisent les gens à s'entretuer pour rien.

3.3 Offrir une vision positive au peuple de la RDC

La tâche urgente qui incombe aux dirigeants en RDC devrait être et doit être celle de montrer le chemin, la direction, qui conduit au dialogue, à la compréhension, à l'harmonie, à la réconciliation et à la paix. La réalité courante en RDC est malheureuse : c'est l'incapacité ou la mauvaise volonté ou le manque de volonté des dirigeants de ce pays à formuler et proposer une vision sociopolitique qui offre aux habitants des idéaux positifs de paix et de développement réalisables à court et moyen termes.

La vision sociopolitique dans ce livre nécessite que les dirigeants politiques puissent encourager et mobiliser les habitants du pays autour de programmes d'action qui créent un environnement où les gens se sentent libres d'entreprendre des activités productrices sans contraintes, menaces et extorsions par les policiers, militaires et agents des services de sécurité du pays. Il s'agit de motiver les gens à adhérer aux valeurs fondamentales de respect de soi-même et des autres. Il s'agit de faire comprendre aux policiers, militaires et agents de sécurité de l'État congolais qu'ils ne portent pas des uniformes et des armes pour devenir supérieurs aux populations civiles, les menacer et les rançonner, mais plutôt pour défendre et protéger ces populations civiles. Il s'agit de faire comprendre aux gens que la liberté, la dignité et le respect que l'on cherche sont aussi recherchés par les autres et par tout le monde. On ne doit donc pas être de la famille ou de la tribu du président de la République, de la famille ou du clan d'un ministre pour être libre et respecté. C'est tout le monde qui doit respecter tout le monde. Les dirigeants ne sont pas plus hommes que les autres compatriotes. Les dirigeants ne sont pas plus respectés ou respectables que les agriculteurs ou ceux qui habitent dans les villages et milieux ruraux. C'est tout le monde qui est, et qui doit être respecté par tout le monde. Ainsi on aura une nation où les gens se respectent et s'apprécient même en étant de différentes opinions ou de différents partis politiques. Seul un peuple informé, libre, qui a une vision positive de la vie peut faire de meilleurs choix pour le bien commun de tous.

Une société qui nourrit et maintient une vision positive connaît l'explosion d'organisations et sociétés professionnelles, telles que les chambres de commerce, les associations des ingénieurs, l'ordre des médecins, des infirmiers, des psychologues, des anthropologues, des philosophes, des théologiens, des moralistes, des artistes, les barreaux des avocats, etc. Une société qui a une vision positive voit naître des philanthropes pour soutenir des recherches scientifiques, médicales, archéologiques, paléontologiques, sociopolitiques et économiques, etc. Une société qui a une vision positive de la vie ne connaît pas d'ONG malhonnêtement profiteuses du genre que l'on connaît en RDC, mais plutôt voit naître des vraies ONG qui inspirent et motivent les jeunes à l'entrepreneuriat, à jouer un rôle vital dans leurs communautés locales et dans la vie publique. Une société qui a une vision positive de la vie voit naître des institutions qui encouragent et inspirent les jeunes à étudier et connaître la géographie, l'anthropologie, les cultures de la région, et du monde afin de mieux jouer leur rôle de futurs dirigeants. Par contre, et c'est malheureusement ce qui est vrai en RDC actuelle, une société qui n'a pas une vision positive de la vie recrute les jeunes dans des conflits armés, enrôle des enfant-soldats pour les envoyer au combat et mourir au front. Une société qui n'a pas une vision positive de la vie est dominée par la corruption, mauvaise gestion et le détournement des deniers publics, et est caractérisée par un taux très élevé de chômage et de pauvreté.

La vision sociopolitique dans ce livre est capable de transformer la RDC en une société qui offre une vision positive de la vie à ses habitants ; une société qui encourage ses populations à devenir des citoyens diplomates et ambassadeurs de paix ; une société qui stimule ses habitants à s'engager dans le volontariat, à entreprendre des actions communautaires et des œuvres philanthropiques comme outils pour la compréhension, l'harmonie et la paix entre les différents langues, races, tribus et groupes ethniques du pays et de la région.

4. Gouverner démocratiquement et avec justice

Un gouvernement ancré dans la justice et la démocratie répond aux besoins réels des populations de participer à la résolution des problèmes et à la gestion de leur pays. Les droits fondamentaux tels que le droit à la vie sans crainte ou peur la liberté d'expression et de mouvement sont, et doivent être, non négociables. Justice pour tous, bonne gouvernance, mesures anti-corruption, partis politiques et société civile forts et libres sont des piliers de progrès et les conditions nécessaires pour la paix et la prospérité.

4.1 Pays de droit et des droits humains

L'une des priorités de la vision pour la renaissance techno-socio-économique en RDC, c'est de faire de ce pays un pays de droit tant désiré et recherché par ses habitants. Car, c'est seulement dans un pays de droit que la dignité de la personne et les droits humains sont respectés. Pour être un pays de droit, la première chose c'est le respect de la constitution du pays. Cela implique le respect des personnes, de leurs biens et propriétés privées ; le respect de la liberté d'expression ; l'application des lois de façon égale pour tous ; le respect de la liberté religieuse ; la tolérance et le respect des différences ; etc.

Un pays de droit est un pays où le président de la République n'est pas au-dessus des lois ou au-dessus des autres citoyens ; où les ministres ne sont pas au-dessus des lois ou au-dessus des autres citoyens ; où les riches ne sont pas au-dessus des lois ou au-dessus des autres citoyens ; où une tribu n'est pas au-dessus des autres tribus, un groupe ethnique n'est pas au-dessus des autres groupes ethniques ; il n'y a pas une classe sociale qui est au-dessus des autres. Un pays de droit doit réaffirmer et promouvoir les droits humains tels que promulgués dans la Déclaration universelle des droits de l'homme et les conventions internationales sur les droits de l'homme.

Un pays de droit doit promouvoir un mode de vie où l'État, ses institutions, ses dirigeants et ses citoyens sont responsables devant les lois qui sont promulguées publiquement, appliquées de façon identique et administrées de manière indépendante, conformément aux normes et standards internationaux. Un pays de droit doit promouvoir la culture où les dirigeants ne doivent jamais utiliser les lois comme arme politique contre les dissidents ou opposants politiques ; les dirigeants ne doivent jamais utiliser les lois comme instrument de répression du peuple ; les dirigeants ne doivent jamais manipuler les lois et le système judiciaire afin de se maintenir au pouvoir illégitimement. Un pays de droit doit promouvoir le respect mutuel même en situation de désaccord, promouvoir la négociation et la formation de consensus comme instruments pour résoudre les problèmes sociaux. Dans un pays de droit, les manifestations libres et pacifiques pour faire valoir ses opinions sur les problèmes importants du pays ne doivent pas être réprimées par les forces de la police ou de sécurité.

Un pays de droit s'engage à élaborer des lois et des cadres juridiques qui dérivent des processus démocratiques et conformes aux normes internationales des droits humains. Un pays de droit doit s'engager à renforcer l'indépendance et l'impartialité du système judiciaire, veiller à ce que séparation et balance des branches gouvernementales soient toujours garanties. Un pays de droit doit s'engager à améliorer les capacités professionnelles et administratives, assurer un contrôle adéquat du fonctionnement des institutions pour éliminer les fraudes, corruptions et détournements des biens publics. Un pays de droit doit protéger et promouvoir les droits humains à travers l'éducation et la sensibilisation, la formation et le renforcement des sociétés civiles.

4.2 Bonne Gouvernance

Depuis l'indépendance de la RDC, les rapports des Nations Unies et les analyses des institutions internationales d'études des gouvernements démontrent avec des faits concrets qu'il n'y a pas de bonne gouvernance dans ce pays. Les faits sont palpables en termes de sous- développement humain et économique. Les populations congolaises vivent dans la peur, l'oppression, et la pauvreté. Les conflits armés, les rébellions et la destruction des vies humaines, destruction d'infrastructures et de l'environnement constituent la nouvelle norme. La vision pour la renaissance techno-socio-économique en RDC rejette cette nouvelle norme, car c'est immoral et inhumain. La nouvelle vision exige la promotion des institutions démocratiques qui sont efficaces, qui encouragent, supportent et favorisent la maturité civique, l'indépendance et la force des sociétés civiles pour demander justice et bonne gouvernance.

On reconnaît les signes d'une bonne gouvernance lorsqu'un pays fait, de la constitution, de l'indépendance du système judiciaire, et de la séparation des branches du gouvernement, la fondation et la pierre angulaire du fonctionnement des institutions de l'État. Une bonne gouvernance renforce les capacités des institutions à appliquer les outils légaux et juridiques à leur disposition de manière appropriée et efficace. Une bonne gouvernance propose et subventionne des sessions de formation en matière de processus de légiférations, de processus d'interprétation de la constitution et d'application des lois, de processus de réforme de la justice et en matière de fonctionnement de l'administration et de la gestion de l'appareil de l'État. Une bonne gouvernance promeut la responsabilité et la transparence dans la gestion des affaires de l'État, la transparence dans l'élaboration du budget national, etc. Il s'agit donc de développer des institutions légitimes, stables, et démocratiques qui sont responsables devant le peuple pour ainsi restaurer la confiance des populations dans les institutions gouvernementales et publiques.

Une bonne gouvernance doit aussi promouvoir et soutenir des réformes anti-corruption dans la gestion des affaires de l'État, mettre en œuvre la Convention des Nations unies contre la corruption dans toutes les institutions, sanctionner les comportements corrompus et développer des systèmes d'intégrité qui renforcent les institutions et leur capacité à résister et rejeter la corruption. Une bonne gouvernance doit renforcer la planification stratégique, financière et administrative ; réformer en rendant plus transparent le processus de prise de décisions importantes dans les affaires de l'État. Une bonne gouvernance doit continuellement réformer le secteur de la sécurité afin que les hommes et femmes chargés de la défense nationale et de la protection des populations soient vraiment professionnels et respectent les normes internationales des droits de l'homme.

4.3 Compétition politique et consensus

Les partis politiques sont des véhicules indispensables pour les citoyens qui partagent les mêmes idées de s'organiser et se battre à travers les processus électoraux pour gagner le droit de gouverner. On ne se bat pas physiquement et on ne s'entretue pas parce qu'on appartient à des partis politiques différents. C'est juste le contraire : on argumente, on convainc, on persuade, on parle et on explique, point final. Les partis politiques servent de véhicules pour articuler et exprimer les intérêts de leurs membres.

La vision pour la renaissance techno-socio-économique en RDC encourage les partis politiques à promouvoir les vraies valeurs civiques qui incluent débats et discussions non violents pour faire valoir leurs opinions, le respect des opinions des autres même quand on n'est pas d'accord. Les désaccords ou les différences d'opinion ne signifient pas qu'il faut s'entretuer. On remporte la victoire politique en convainquant les autres non pas en les tuant ou en les chassant hors du pays. Il faut absolument encourager les partis politiques à éduquer leurs membres aux valeurs civiques, à comprendre comment former des consensus entre des personnes et des institutions aux niveaux locaux et nationaux pour faire valoir leurs opinions ou pour gagner aux élections et gouverner avec justice. Les partis politiques doivent apprendre à leurs membres à contrôler leurs émotions parce qu'on ne gagne pas toujours aux élections ; et quand on perd aux élections ce n'est pas la fin du monde, car il y aura toujours des élections prochaines et il faut s'y préparer au lieu de faire la guerre parce qu'on a perdu aux élections présentes.

La nouvelle vision inspirée par Lumumba et Mandela montre la voie suivante : les dirigeants des partis politiques doivent travailler sans cesse et insister auprès de leurs membres que le trucage aux élections est immoral, et il ne faut jamais faire cela. C'est plus moral et digne de perdre aux élections que de gagner avec trucage, car c'est méprisable. Les partis politiques doivent savoir que, lorsqu'on gagne aux élections, on ne gouverne pas seulement les membres de son parti, mais on a reçu le mandat d'appliquer son agenda pour le développement de tout le peuple, de toute la communauté, de toute la cité ou de toute la nation. Le parti qui gagne les élections doit aussi gagner la confiance des populations qui n'ont pas voté pour le parti victorieux, car le parti victorieux qui doit gouverner tout le monde doit se faire accepter par ceux et celles qui n'ont pas voté pour le parti victorieux. Voilà pourquoi les dirigeants des partis politiques doivent encourager leurs membres à comprendre que les processus électoraux et politiques doivent être transparents et inclusifs, démocratiques et efficaces. Les élections doivent être libres et crédibles et, pour cela, il faudrait former des cadres électoraux, juridiques et institutionnels impartiaux. Il faudrait former des systèmes robustes de contrôle et surveillance des élections pour prévenir et éliminer la tentation à la tricherie aux élections. Il faudrait aussi organiser des campagnes de sensibilisation des citoyens afin qu'ils connaissent et fassent respecter leurs droits et responsabilités. Il faudrait encourager une plus grande participation des populations dans les processus électoraux et processus politiques en général. C'est cela la voie la plus sûre pour éviter des révoltes et rébellions.

4.4 La société civile

Actuellement en RDC, c'est en portant des armes et uniformes militaires que l'on acquiert le pouvoir sur les populations civiles. Ce sont donc les milices, les rebelles et groupes armés, les gendarmes et policiers, les soldats et les agents de sécurité, etc., ainsi que leurs chefs militaires ou civils, qui ont le pouvoir. Appartenir à la société civile dans ce pays c'est être de la classe soumise, de la classe des faibles, des maltraités, des exploités, des abusés, des sans voix ; c'est être réduit à vivre dans la peur d'être arrêté à tout moment, rançonné à tout moment, sexuellement abusé à tout moment, etc., et tout cela avec impunité. La situation forcée sur la société civile en RDC est immorale, inhumaine et inacceptable. La vision pour la renaissance techno-socio-économique en RDC montre qu'il est urgent de promouvoir la société civile dans ce pays. Il s'agit d'encourager les populations congolaises à sortir de la peur et exercer librement et pacifiquement leurs droits d'expression, d'association et de réunion. Il s'agit d'encourager le développement et l'établissement de syndicats et autres organisations civiques qui prônent la justice et le respect des droits humains. Il s'agit d'encourager et de promouvoir la participation des citoyens congolais à la surveillance des institutions de l'État pour une bonne gouvernance à travers des sessions d'éducation et de sensibilisation, des sessions de formation sur les droits et responsabilités des citoyens et des dirigeants.

Les individus et organisations de la société civile doivent se sentir libres de défendre leurs points de vue et communiquer avec leurs membres sans crainte de représailles par le gouvernement ou par ceux qui portent les armes et les uniformes. Les organisations de la société civile doivent se sentir libres d'échanger avec des organes régionaux et internationaux, et d'autres sociétés civiles à l'extérieur du pays sur des sujets relatifs à leurs objectifs communs, à la défense de la justice et des droits humains. Il est absolument important que les médias soient libres et indépendants, que les médias se comprennent comme instrument de production et de diffusion d'information objective. La nouvelle vision proclame qu'on ne doit jamais tolérer les violations des libertés civiles, la répression de la société civile et des médias indépendants, ou la répression des manifestants pacifiques. Il faudra à tout prix encourager les organisations des sociétés civiles à développer des capacités de plaidoyer pour la bonne gouvernance, pour la démocratisation et pour le respect des droits fondamentaux de tous. Une société civile robuste et active est une force positive pour contrecarrer la corruption et les déviations de l'appareil de l'État. Une société civile forte est une force positive pour le développement de la nation.

4.5 Promouvoir le dialogue et la tolérance

La RDC est habitée par plus de 400 groupes ethniques et tribus qui ont leurs propres dialectes, langues et cultures. Ces diversités ethniques et tribales constituent une richesse culturelle rarement rencontrée dans le monde. Il y a des études et analyses sérieuses qui indiquent cependant que beaucoup de conflits armés qui ruinent la RDC sont en partie causés par cette riche diversité culturelle et pluralité ethnique. D'autre part, ces études aussi indiquent que la pluralité ethnique et la diversité culturelle ne constituent pas en soi la cause des guerres et conflits armés en RDC et dans la région, mais que c'est plutôt des individus qui exploitent ces différences entre les tribus et groupes ethniques pour les opposer et en tirer profit. Pour avoir le pouvoir politique, en l'absence de la voie démocratique, les candidats recourent aux pratiques de manipulation et d'exploitation des différences culturelles, ethniques et tribales qui conduisent à la violence avant, pendant et après les élections. C'est vraiment avilissant.

Ce que ces études révèlent est que la manipulation des tribus et groupes ethniques pour les opposer et les diviser à des fins politiques est devenue courante en RDC et en Afrique contemporaine à cause de l'absence de systèmes politiques démocratiques où les pouvoirs politiques sont partagés et équilibrés. En l'absence de partage et d'équilibre du pouvoir politique, les dirigeants africains détiennent un pouvoir absolu sur leurs populations, et la RDC en est un exemple. Les dirigeants s'appuient sur leurs tribus pour se maintenir au pouvoir à tout prix. Les dirigeants font croire aux membres de leurs tribus et partis politiques que leur salut dépend du maintien de ces dirigeants au pouvoir pour toujours. En conséquence, les autres groupes ethniques et tribus sont perçus comme menace ou danger de perdre le pouvoir. Les dirigeants font aussi croire aux membres de leurs tribus et partis politiques que les autres groupes ethniques cherchent à prendre le pouvoir pour les reléguer dans la misère. Et parce que les pays africains en général, et la RDC en particulier, sont gouvernés de cette façon médiocre et irrationnelle, on ne peut que s'attendre à l'éclatement de conflits armés irrationnels et tragiques.

La vision pour la renaissance techno-socio-économique en RDC montre clairement que cette façon immorale, irresponsable et médiocre de gouverner ne conduit qu'à la violence et au sous-développement. C'est un fait que tout le monde voit et constate en RDC. La nouvelle vision propose ceci : les dirigeants de la RDC et d'Afrique doivent urgemment se libérer de ces conneries, bêtises, bassesse d'esprit, mauvaise foi et mensonges politiques. Les dirigeants des partis politiques et tous ceux qui sont au pouvoir doivent se regarder dans un miroir et constater qu'ils sont esclaves de ces conneries politiques et bassesse d'esprit tribal et divisionniste, et prendre la résolution immédiate de s'en libérer personnellement. Ensuite, afin de se racheter et être pardonnés, ils doivent avec sincérité et simplicité de cœur, publiquement et avec passion, promouvoir les élections pour leur remplacement et non pour se maintenir illégitimement au pouvoir. Ils doivent immédiatement se mettre à parcourir les villages, milieux ruraux et urbains de la RDC pour promouvoir le dialogue et les interactions entre les groupes ethniques et tribaux. Pendant ces parcours ils doivent mobiliser les populations et leur expliquer que la diversité culturelle des tribus est une source énorme de productions artistiques, de créativité scientifique, d'inventions de nouvelles technologies, de création de richesses qui ont été négligées et mal gérées sous leurs directives politiques, et en demander sincèrement pardon. Ainsi les dirigeants politiques en RDC mériteront d'être pardonnés après qu'ils auront organisé des élections transparentes et pacifiques pour leur remplacement.

Lorsque les tribus et groupes ethniques dialoguent et se rencontreront, ils vont découvrir chez les uns les autres des réalités nouvelles et enrichissantes, et les groupes ethniques vont s'apprécier mutuellement, apprendre les uns des autres, et tout le monde sera enrichi par cette diversité culturelle. La nouvelle vision montre donc le chemin pour la RDC de s'embarquer sur la voie du dialogue entre les groupes ethniques, de l'appréciation et de l'acceptation mutuelles les uns d'autres, de la tolérance, de l'harmonie, de la paix et du développement.

4.6 Marginaliser l'extrémisme

Les extrémistes menacent la liberté et la paix recherchées par les peuples civilisés de toute nation, culture et foi. L'antidote de l'extrémisme c'est d'encourager les gens à chérir les faits et à distinguer entre opinion et fait. L'information factuelle est en fait l'antidote de l'ignorance, de l'incompréhension, de la manipulation et de l'extrémisme. Pour qu'il y ait harmonie et paix, il faut s'opposer aux expressions extrémistes et les réfuter catégoriquement ; il faut rejeter toute forme de violence et d'oppression. L'extrémisme, soit en parole, soit en idéologie, est intrinsèquement enclin à détruire les autres par la violence plutôt que de créer ou promouvoir l'harmonie et la paix. Les moyens pratiques pour lutter contre l'extrémisme c'est de promouvoir l'éducation et les échanges culturels au niveau des villages, villes et nations. C'est aussi de promouvoir la démocratisation, la bonne gouvernance et le développement économique et humain comme un chemin vers un avenir positif, une société juste, équitable et pluraliste.

La RDC doit s'impliquer dans l'effort mondial d'isoler et de discréditer des idéologies qui divisent et opposent les gens des différentes croyances ou confessions religieuses, des différentes cultures ou différents groupes ethniques. Il faut délégitimer la terreur et la violence qui ne doivent jamais être acceptées comme une tactique pour parvenir à des fins politiques. Les tactiques politiques doivent être paisibles et rationnelles. Il faut donc promouvoir un dialogue ouvert, un débat libre, une liberté d'expression pour tous, et cesser d'arrêter, d'emprisonner, et de tuer des gens à cause de leurs opinions politiques contraires ou non favorables au gouvernement en place. Il faut promouvoir la mobilité des personnes et la libre circulation de l'information qui vont se traduire en interaction des personnes, échanges et compréhension mutuelle. Il faut encourager et faciliter les échanges culturels et artistiques qui renforcent le respect de la dignité humaine, des droits humains et du patrimoine commun des tribus et de l'humanité.

C'est donc d'une grande importance de conscientiser les communautés pour que leurs hommes et femmes, jeunes filles et jeunes garçons, et toute personne de bonne volonté, ne puissent jamais fournir de soutien aux personnes qui véhiculent la haine, la violence et la terreur. Il faut donc promouvoir des projets et programmes qui permettent aux citoyens et aux organisations locales de prendre les devants dans le développement des sociétés civiles sensibles aux vues extrémistes. Ceci requiert un effort soutenu de travailler avec les individus et groupes qui servent de piliers dans les communautés. Ces piliers influencent les opinions dans leurs communautés. Ces piliers sont des figures d'autorité dont l'influence culturelle, religieuse, sociale, traditionnelle ou technologique a du poids aux yeux des populations.

- Leaders religieux : Les membres des communautés confessionnelles et les éducateurs religieux qui peuvent parler directement sur les questions de tolérance et de respect mutuel entre les religions et leurs adeptes impactent positivement la société à l'encontre de l'extrémisme.
- Les enseignants : Les enseignants sont au cœur du processus d'apprentissage. Ils sont parmi ceux et celles qui exercent l'influence la plus directe sur les jeunes garçons et filles qui deviendront les dirigeants des nations. Il est d'une importance primordiale d'investir dans le développement professionnel et dans la formation des enseignants, de fournir aux enseignants des occasions d'améliorer leurs compétences dans les matières-clés, afin qu'ils puissent former les jeunes à penser de façon critique et à distinguer les faits des opinions.
- Les journalistes : La télévision, la presse écrite, la radio et les médias sociaux exercent une énorme influence sur les opinions, l'élaboration, l'expression, la perception et l'interprétation des opinions. L'internet est devenu le lieu où tout peut être trouvé. Les gens, et en particulier les jeunes, y vont chaque minute au cours de la journée pour lire et voir des images. Les jeunes y trouvent des opinions de toutes sortes, y compris des expressions extrémistes. Les journalistes et écrivains doivent être formés à respecter et faire respecter le principe d'objectivité et de précision dans les écrits et opinions médiatiques. Ceci est important pour distinguer les opinions des faits, les vues extrémistes des vues équilibrées.
- Les jeunes : Les jeunes d'aujourd'hui sont les leaders de demain et l'avenir de notre monde. Ils sont au centre de la propagande et de la désinformation par des extrémistes et des idéologues. Il est prioritaire de faire participer les jeunes à la lutte contre l'extrémisme à travers l'éducation et les échanges, la diplomatie sportive des programmes

spéciaux pendant les périodes de vacances, des conseils pédagogiques, des échanges culturels en art, musique, et danse, ainsi que des compétitions basées sur la créativité et les inventions scientifiques à tous les niveaux.

- Les femmes et les filles : Aucun pays ne peut vraiment progresser politiquement, socialement et économiquement si les femmes ne sont pas des partenaires à part entière dans tous les aspects de la société, ou ne bénéficient pas d'une pleine égalité dans la société. Il est donc prioritaire de soutenir la promotion des femmes et des filles à travers des programmes d'éducation, des campagnes d'alphabétisation et de mathématiques, des programmes de micro-financement, nutrition et santé, ainsi que l'accès facile aux soins médicaux maternels et infantiles. Car il est dit que former un homme c'est former une personne, tandis que former une femme c'est former tout un village.

4.7 Promouvoir les valeurs et intérêts communs

Si, en RDC, les leaders et dirigeants du pays avaient articulé et présenté de façon persuasive aux habitants ce qui constitue les valeurs et intérêts communs du peuple, le succès des rébellions et guerres dans ce pays aurait été moindre. Car, le peuple qui aurait bien compris ces valeurs et intérêts communs ne supporterait pas de multiples invasions et guerres imposées à ce pays. La vision pour la renaissance techno-socio-économique en RDC montre la voie du miracle : parcourir les villages et villes, parcourir tout le pays pour promouvoir les valeurs et intérêts communs pour le développement des richesses immenses dont le pays dispose au bénéfice de tous. Il s'agit de promouvoir le respect de la dignité humaine : naître, vivre et mourir dans la dignité. Les valeurs et intérêts communs incluent la liberté et les activités qui renforcent la libre expression, afin que les gens puissent vivre sans crainte de la police, des soldats, des forces de sécurité, des milices, des rebelles et d'autres groupes armés. Les policiers, soldats, agents et forces de sécurité doivent comprendre que leur raison d'être c'est de protéger les populations civiles ainsi que les valeurs et intérêts communs du peuple. Ils devraient et doivent être honorés, bien formés, bien équipés, bien rémunérés et payés régulièrement sans arriérés.

Les valeurs et intérêts communs incluent la bonne santé pour tous, un bon système d'éducation, des infrastructures de communication qui fonctionnent proprement, la sécurité assurée des biens et des personnes, et les gens qui se sentent libres de créer, innover, inventer, et investir en RDC au lieu de fuir la terreur et l'oppression pour s'expatrier à tout prix. Il est donc important de promouvoir une plus grande collaboration entre les institutions gouvernementales, les fondations privées, les institutions de charité et les ONG afin que les efforts soient conjugués pour un meilleur rendement. Les ONG frauduleuses qui pullulent en RDC sont une honte ; elles doivent se réformer pour devenir de vrais facteurs de développement. Il faut par exemple conjuguer les efforts pour développer des programmes éducatifs à travers les villages et les zones rurales, y compris le développement professionnel des enseignants, l'alphabétisation et la stimulation de la pensée critique. Il faut conjuguer les efforts pour promouvoir des programmes pour la jeunesse, comme par exemple des programmes parascolaires, des camps de vacances pour offrir aux jeunes des opportunités d'imaginer et de créer, d'évoluer dans des sports et qualités civiques. De tels programmes parascolaires peuvent inclure des réflexions et partages sur la dignité humaine, le respect de soi et des autres, la réflexion sur le fait qu'on est tous dans le même « bateau » et qu'il faut s'entraider pour améliorer le sort commun, la réflexion sur ce que la liberté veut dire pour soi et ceux qui sont autour de soi, etc.

5. Leadership qui investit dans le capital humain

5.1 L'importance du capital humain

L'une des priorités pour la renaissance techno-socio-économique en RDC, c'est d'assurer une bonne santé, améliorer l'accès à l'éducation et protéger les populations vulnérables du pays. Lorsque les institutions locales et nationales investissent dans les secteurs de la santé et de l'éducation, les gens vivent en bonne santé et acquièrent les connaissances et compétences nécessaires pour devenir producteurs et assurer la croissance économique et le bien-être social. En effet, ce sont les populations éduquées et prospères qui peuvent dialoguer et trouver des solutions pacifiques aux conflits. Les populations éduquées et prospères désirent la paix, la sécurité et la stabilité. L'investissement dans le capital humain produit des hommes et femmes compétents et sains. Ces hommes et femmes vont à leur tour animer les organisations et institutions locales et nationales de façon compétente. Ces hommes et femmes vont s'engager pour une bonne gouvernance, laquelle créera un environnement sociopolitique attractif pour les investissements tant domestiques qu'étrangers ; et ces investissements vont générer le développement économique, technologique et industriel.

Les populations qui sont éduquées et en bonne santé, libres et épanouies, contribuent au développement économique, et participent aux décisions démocratiques qui éliminent les causes profondes de pauvreté et de conflits armés.

5.2 Domaine de la santé

La vision pour la renaissance techno-socio-économique en RDC prône le développement et la promotion de programmes de santé qui renforcent les capacités locales et nationales dans la détection et le traitement des maladies. La rapidité de la réponse médicale à une épidémie est nécessaire pour arrêter la propagation de l'épidémie. Lorsque l'épidémie d'Ebola a frappé l'Afrique de l'Ouest en 2014, la région était simplement incapable de faire face à la rapidité avec laquelle l'épidémie se propageait dans la région. La région n'avait pas assez de personnels médicaux qualifiés, pas assez de centres de recherche et chercheurs, pas assez de moyens financiers, etc. Il avait fallu une armée d'assistance extérieure en personnels, médicaments, instruments et matériels de recherche, argent, etc., pour arrêter la propagation de l'épidémie. L'Afrique de l'Ouest n'avait pas investi suffisamment dans le capital humain, et n'avait donc pas les capacités locales et nationales nécessaires pour faire face à l'épidémie. Est-ce que l'Afrique a appris la leçon ? Est-ce que les pays africains sont en train d'investir dans le capital humain ? Est-ce que le capital humain est prêt pour faire face non seulement aux épidémies, mais aussi aux autres calamités naturelles qui peuvent frapper la région ? Voilà pourquoi la nouvelle vision exige que le gouvernement et les institutions publiques, les organisations locales et nationales de la RDC puissent et doivent travailler passionnément et investir dans le capital humain pour s'apprêter à affronter efficacement les épidémies et calamités naturelles.

Il s'agit d'investir dans des écoles médicales, des centres de recherches en médecine traditionnelle et moderne, la production locale des équipements médicaux et des produits pharmaceutiques, etc. Il s'agit de promouvoir des programmes de maternité et de gestion efficaces des complications obstétricales ; promouvoir des programmes et services de prévention tels que vaccinations ; promouvoir des programmes pour réduire substantiellement jusqu'à éliminer la mortalité maternelle et infantile ; promouvoir des programmes de nutrition des nouveau-nés et des enfants de moins de cinq ans, etc. Il est impératif d'équiper et d'apprêter les hôpitaux et cliniques dans les villages et communautés rurales pour faire des examens préventifs, des soins et traitements des maladies simples qui ne devraient pas tuer, mais dont les gens meurent en grand nombre en RDC et en Afrique.

5.3 Domaine de l'éducation

La valeur de l'éducation et des diplômes se mesure par le degré de transformation et d'amélioration des conditions de vie dans la société. Il n'est un secret pour personne qu'en RDC, les écoles sont créées en désordre par des individus qui font des profits monétaires en facturant chèrement les étudiants pour une éducation poubelle. Ces écoles sont de très mauvaise qualité, les programmes de cours sont mal conçus, de bas niveau et inadaptés à la réalité de la vie en RDC. Ne parlons même pas des écoles publiques ou écoles et instructions académiques de l'État qui sont de vraies poubelles où l'on ramasse des côtes et diplômes en échange de l'argent ou de faveurs sexuelles avec les professeurs. Non seulement la qualité des enseignants est médiocre, mais les étudiants doivent corrompre les enseignants pour réussir aux examens. À l'université de Kinshasa, par exemple, les enfants des professeurs doivent nécessairement réussir aux examens, qu'ils connaissent la matière ou pas. Tu te demandes « Mais pourquoi ça ? Est-ce normal ? » Eh bien, ils sont les enfants des professeurs, ils doivent réussir aux examens, un point, c'est tout. C'est affreux, n'est-ce pas ?

Mais sais-tu quels types de diplômes sont conférés par ces universités ? Ces universités poubelles en RDC attribuent même des diplômes de doctorat. C'est grave ! Est-ce que la réalité de la vie et le niveau de développement en RDC reflètent ces gros diplômes de doctorat décernés chaque année en RDC ?

La vision pour la renaissance techno-socio-économique en RDC reconnaît qu'il y a un désir profond des citoyens congolais de faire des grandes études et recherches. Par conséquent, la nouvelle vision montre la voie pour réaliser ce désir : le gouvernement et les institutions nationales en RDC doivent prendre l'éducation au sérieux. Il faut coordonner avec les organisations locales, nationales et internationales les réformes nécessaires pour garantir que les écoles, les instituts de recherche et les universités du pays soient axés sur la résolution des problèmes réels des populations d'une part, et d'autre part qu'ils puissent lancer les jeunes Congolais dans l'espace infini de l'innovation technologique et industrielle. La réforme du secteur de l'éducation est très importante car le niveau de développement d'une nation n'est jamais plus que le niveau de l'éducation de son peuple.

Les écoles primaires et secondaires publiques doivent être efficaces et gratuites comme étant un droit et une obligation civiques ; c'est-à-dire que tous les enfants de la RDC doivent fréquenter et compléter les niveaux d'éducation primaire et secondaire. Il faut investir sérieusement dans l'éducation qui est le fondement et l'instrument grâce auxquels les individus et les institutions peuvent construire des sociétés stables, prospères et démocratiques. Compte tenu des défis importants auxquels les jeunes filles sont confrontées dans le domaine de l'éducation, il faut consacrer des efforts particuliers pour encourager la scolarisation des jeunes filles et éliminer les obstacles à leur éducation. L'éducation doit essentiellement promouvoir la pensée critique et des méthodes scientifiques qui exigent l'objectivité, la réflexion et des décisions libres fondées sur la raison. Ainsi, les citoyens congolais seront préparés à devenir productifs en politique, en résolution pacifique des conflits, en innovation technologique, et en industrialisation.

Les enseignements des instituts supérieurs et universitaires doivent former les étudiants à innover, à inventer et à rassembler les connaissances existantes pour en tirer du nouveau, effectuer des recherches fondamentales et recherches de haut niveau, etc. L'éducation réformée en RDC va permettre aux citoyens congolais de mieux identifier et résoudre les problèmes de pauvreté, de manque d'infrastructures, d'érosion et de pollution, les problèmes de sécheresse et de déforestation, les problèmes de résolution pacifique des conflits, etc. Ainsi, la RDC va innover et promouvoir des grandes recherches pratiques et scientifiques dans les domaines de l'énergie propre, de l'environnement, du développement rural, de la technologie digitale et électronique, de l'exploration spatiale, de la diplomatie, de la sécurité, et des relations internationales, etc.

5.4 Services sociaux et protection des vulnérables

Les multiples guerres et conflits armés ont produit en RDC un très grand nombre de handicapés, d'orphelins, de veuves et veufs, de traumatisés de viols et de violences sexuelles, etc. La liste aussi inclut les jeunes chômeurs de la rue, les enfants-soldats, les victimes de la torture, les réfugiés et les rapatriés, les personnes déplacées à l'intérieur du pays, les vieilles personnes abandonnées sans assistance, etc. Certains parmi eux sont tellement traumatisés et découragés qu'ils sont arrivés au point de renoncer à l'espoir d'une participation pleine et productive dans la société. Il faut mettre en place, encourager, soutenir et promouvoir des services sociaux pour ces groupes de personnes vulnérables. Il est prioritaire de développer et de soutenir des politiques locales, nationales, régionales et internationales qui représentant la cause des personnes vulnérables.

Lorsque ces services sociaux sont efficaces, bien structurés et administrés, ils atténuent la souffrance et les impacts socio-économiques négatifs que les guerres ont causés, et leurs conséquences à long terme sur les populations congolaises. L'objectif final de ces services sociaux c'est d'aider les populations vulnérables à se monter le moral et se prendre en charge ; faire face à la pauvreté chronique dont les personnes vulnérables sont victimes ; et renforcer l'effort des populations vulnérables pour l'autosuffisance et l'indépendance.

6. Politique de croissance économique

Les points essentiels sont déjà présentés dans le chapitre précédent sur la vision socioéconomique. Il s'agit de réitérer et souligner ici que la RDC est condamnée par sa situation géopolitique, par ses immenses ressources naturelles et par ses ressources humaines talentueuses à jouer son rôle naturel de leader socio-économique et sociopolitique afin de faire émerger l'Afrique et contribuer de façon significative à l'économie mondiale.

6.1 Politique entrepreneuriale

C'est un fait historique que seul un capital humain sain, éduqué, et développé peut produire des innovateurs, des inventeurs et créateurs d'emplois. La vision pour la renaissance techno-socio-économique en RDC est claire :

il faut agressivement investir dans la santé et l'éducation dans les villages et milieux ruraux, les villes et cités de la RDC. En conséquence, les hommes et femmes éduqués et en bonne santé vont développer des capacités et compétences qui vont générer la croissance économique dans ce pays. Cela permettra de libérer la puissance du secteur privé, l'explosion de la croissance économique et de la prospérité dans les villages, les communautés rurales, les villes et les cités de la RDC. Il faut bâtir des institutions crédibles, des systèmes juridiques et judiciaires compétents et indépendants, et assurer la gestion transparente des finances et affaires de l'État. Il s'agit de combattre et éradiquer la corruption à tous les niveaux de la société, et en particulier réduire les possibilités de corruption dans les douanes, les impôts et la gestion du Trésor public. Ainsi se créera en RDC un environnement favorable aux activités économiques et initiatives entrepreneuriales.

6.2 Politique de l'agriculture rationnelle

Il suffit de traverser les villages et milieux ruraux de la RDC pour observer comment les champs sont défrichés. On coupe les herbes, les arbres et arbrisseaux, on les brûle, puis on sème sur le terrain ainsi nettoyé. D'un coup, un endroit qui était une forêt dense devient désert. L'année suivante, on attaque une autre partie de la forêt dense pour nettoyer et planter. Ainsi, chaque année, la déforestation et la désertification en RDC ne font que progresser. Cette façon de faire l'agriculture contribue à l'épuisement du sol, au déboisement et à la désertification.

La vision pour l'avènement du miracle techno-socio-économique en RDC montre ce chemin : il faut agressivement promouvoir et encourager l'agriculture rationnelle où le sol et la forêt sont gérés de telle façon qu'une même terre peut être utilisée plusieurs fois à l'aide d'engrais naturels. Il faut mettre sur pied des programmes de formation des agriculteurs sur des méthodes et techniques de conservation du sol et de la forêt. L'objectif est d'encourager, soutenir et promouvoir l'agriculture qui applique des technologies nouvelles, y compris la biotechnologie, afin d'accroître la productivité et assurer un approvisionnement alimentaire plus stable, nutritif, au coût abordable et sans épuisement du sol.

Dans le contexte actuel de la RDC, les agriculteurs des villages et milieux ruraux sont obligés de vendre leurs produits à prix modiques aux intermédiaires qui en font des bénéfices importants en les vendant loin dans les milieux urbains. Ainsi, les agriculteurs des villages et milieux ruraux demeurent pauvres en dépit de leur travail et productivité. C'est pourquoi les producteurs ruraux doivent être appuyés et soutenus pour accéder aux marchés des villes et grands centres où ils peuvent vendre leurs produits à prix raisonnables et accroître leurs revenus. Les organisations locales qui fournissent des services et font entendre la voix des producteurs ruraux doivent être soutenues et encouragées dans leur effort. Il s'agit aussi d'encourager et soutenir l'intégration des groupes vulnérables dans les processus de développement et de production agricoles, ce qui leur donnera non seulement l'espoir, mais aussi l'autonomie et le sens de la dignité en se sentant utiles à la société comme tout le monde. Considérant que les femmes sont les principaux producteurs de denrées alimentaires en RDC, il est prioritaire d'assurer que les femmes bénéficient d'investissements dans la technologie, les formations techniques, l'accès au financement et aux marchés des produits.

L'agriculture ne devrait pas épuiser le sol, détruire la forêt et l'environnement, accélérer la désertification. Voilà pourquoi la nouvelle vision prône la promotion d'efforts et de nouvelles technologies pour réduire l'impact négatif de l'agriculture sur l'environnement ; promouvoir la gestion efficace des ressources naturelles qui contribuent à la croissance du secteur rural et agricole au bénéfice des paysans sans détruire l'écosystème.

6.3 Politique d'énergie, d'environnement et d'industrialisation

Les ressources d'énergie, et en particulier les ressources renouvelables d'énergie, sont abondantes en RDC, mais la carence d'énergie est chronique. Nulle part en RDC on ne trouve la permanence du courant électrique. Les villes et cités de la RDC sont dans l'obscurité quasi permanente. La capitale Kinshasa connaît des coupures de courant de façon épidémique dont le fameux terme « délestage ». C'est très souvent que l'électricité disparaît dans des hôpitaux pour des jours et même des semaines. Alors, que deviennent les morgues entretenues par les hôpitaux, les frigos et médicaments, les climatiseurs, les salles d'opération chirurgicale, etc. ? Même les quartiers dits industriels manquent souvent de courant électrique pendant des jours et des semaines. Pour les activités domestiques de la vie quotidienne des populations, le courant électrique ne fait pas partie de l'équation.

Par ailleurs, la RDC dispose de nombreux barrages hydroélectriques sous-utilisés et d'une potentialité énorme d'autres ressources renouvelables d'énergie déjà exposée plus haut. Le premier pas c'est de commencer à réhabiliter ces barrages hydroélectriques existants. Ensuite, il faut investir dans le développement des autres ressources renouvelables d'énergie au point que la RDC devienne productrice et exportatrice d'énergie en Afrique et en Europe. Les ressources renouvelables d'énergie telles que l'énergie éolienne, l'énergie des marées, l'énergie solaire, l'énergie géothermique, etc., vont assurer le contrôle des pollutions en RDC, et assurer une bonne santé aux populations.

Quant à l'environnement, la RDC détient près de la moitié des ressources naturelles du monde en termes de forêt, d'eau, et d'autres ressources naturelles. Il faut d'urgence initier des politiques et réformes politiques pour remédier aux dégâts graves causés par les guerres. Ensuite, il faut intégrer la conservation des ressources naturelles avec des plans de développement économique qui font sens ; c'est-à-dire mettre en place et encourager des programmes de développement économique fondé sur l'utilisation rationnelle des ressources naturelles. Cela veut aussi dire établir, encourager et promouvoir des programmes de développement qui appliquent les résultats des recherches scientifiques et des innovations technologiques pour l'utilisation des ressources naturelles et la conservation de la biodiversité.

Il s'agit aussi d'encourager et de promouvoir la gestion rationnelle des forêts, se joindre à la communauté internationale pour lutter contre le commerce illégal du bois, des produits forestiers et protéger les espèces forestières menacées par la surexploitation. Il faut promouvoir les pratiques de développement économique qui réduisent les émissions de gaz carbonique et améliorer la qualité de l'air. Il faut encourager et impliquer les populations, surtout les jeunes, à prendre soin de la nature ; à se faire les champions des causes environnementales telles que les changements climatiques, la protection des ressources naturelles et des forêts, la lutte contre la pollution de la terre, de l'eau, de l'air, ainsi que la pollution transnationale.

La RDC avec ses immenses ressources naturelles est le lieu idéal pour les investissements en faveur de l'industrialisation sans pollution. Il faut créer l'environnement sociopolitique et les infrastructures nécessaires pour permettre aux populations congolaises d'acquérir des connaissances et capacités pour réaliser des innovations, des recherches scientifiques et technologiques et ainsi propulser la RDC dans l'industrialisation sans pollution. Pour soutenir ou promouvoir l'industrialisation de ce pays, il faut collaborer avec des organisations internationales pour apprendre les meilleures pratiques de négociation, contrats, accords commerciaux et comment régler les différends commerciaux. Il faut aussi maîtriser la pratique de négociation et mise en œuvre des accords et traités bilatéraux d'investissement, accords d'aviation civile, y compris le développement des politiques internationales, et le renforcement des systèmes bancaires.

7. Paix, sécurité et développement

C'est tout le monde qui se pose la question suivante : est-ce que la paix, la sécurité et le développement prendront un jour racine en RDC ? Cette question est fondée sur la réalité des multiples guerres et conflits armés et de l'insécurité constante dans ce pays. Cette question devrait en fait éveiller la conscience des dirigeants et acteurs politique congolais. Ultimement, cette question est un appel à l'action, un appel aux populations congolaises et aux ressortissants congolais de la diaspora de s'impliquer avec empressement et détermination pour qu'il y ait la paix, la sécurité et le développement dans leur pays. La vision pour l'avènement d'une aire nouvelle dans ce pays nécessite qu'il y ait la paix et la sécurité ; ce qui implique une démarche qui inclut entre autres les éléments décrits ci-dessous.

7.1 Vaincre le désespoir et la peur

Des années de guerres, de violences, de violation des droits humains, de viols, d'impunité et de corruption ont condamné les populations congolaises à vivre dans l'état de peur et de désespoir constant. Ces populations souffrent de pauvreté, de négligence, d'abus et d'oppression qui leur sont infligés quotidiennement par les milices, groupes armés, rebelles, policiers, soldats, et les forces de sécurité du gouvernement. Ces groupes d'oppresseurs ont régulièrement recours aux abus, enlèvements et assassinats pour maintenir les gens dans la peur et la soumission. Ce qui empêche les gens d'exercer leurs talents de créativité, d'innovation et d'entrepreneuriat pour améliorer leurs conditions de vie et échapper à la misère.

La vision pour la renaissance techno-socio-économique en RDC montre cette voie : les organisations professionnelles et non gouvernementales doivent urgemment s'engager à sensibiliser les populations à travers les villes et villages qu'ils doivent se référer à la force intérieure qui est en eux pour vaincre la peur et le désespoir qui les emprisonnent dans la soumission et le sous-développement. Des études approfondies de la crise en RDC ont établi sans équivoque que les dirigeants et acteurs politiques, les soldats gouvernementaux, les policiers et les forces de sécurité, les milices, les rebelles et les groupes armés sont tout à la fois cause et catalyseurs du sous-développement et de la misère des populations de ce pays pourtant si riche. Les précités doivent tirer les leçons de l'histoire, reconnaître et accepter leurs responsabilités, et ensuite entamer le processus de conversion, de changement de conscience et de cœur, afin de s'impliquer immédiatement, en paroles et actions concrètes, à dénoncer et combattre publiquement les abus et les violences contre les populations civiles. Cette démarche est très importante et constitue en elle-même la condition sine qua non pour un éventuel pardon des acteurs qui sont causes ou complices de la souffrance terrible des populations congolaises. En ce sens, les citoyens congolais entameront le processus de sortir de la peur, se reprendre et rétablir la confiance en eux-mêmes, et ainsi commencer à améliorer leurs conditions de vie par les travaux de leurs propres mains.

Il est donc urgent et absolument nécessaire que le pays se dote d'un gouvernement et d'institutions nationales gérées par des hommes et femmes crédibles, honnêtes et compétents pour élaborer des programmes efficaces de réforme de la police, de l'armée et des agents de sécurité afin d'éliminer les mécanismes d'oppression et de terreur qui maintiennent les populations dans la peur. Cette réforme consistera à former l'armée, la police et les services de sécurité de façon à ce que leurs membres soient des professionnels, des techniciens, des ingénieurs, des infirmiers et médecins, des géographes, des pilotes, et des spécialistes dans tous les domaines scientifiques et militaires. Ils doivent être bien rémunérés afin de ne pas recourir aux abus et violences contre les populations civiles pour les rançonner en vue d'assurer leur survie. Il s'agit de coopérer avec la communauté internationale pour restructurer et renforcer le système militaire, policier et sécuritaire en RDC pour lutter contre la corruption, défendre et protéger les populations civiles et ainsi gagner le respect et l'amour de ces populations civiles. En conséquence, les populations n'auront pas peur de leurs fils et filles en uniformes. Les populations vont ainsi bâtir une nouvelle société d'espoir où les habitants jouiront de la liberté de créer, innover, inventer, investir et se développer.

7.2 Prévention, atténuation et résolution des conflits

Là où il y a des gens, il y a toujours des conflits. Mais c'est la gestion et la résolution de ces conflits qui révèlent le niveau de civilité des gens. Est-ce que les populations congolaises doivent considérer les guerres ou conflits armées comme étant la voie normale pour résoudre les conflits ? Est-ce possible que les citoyens congolais puissent dialoguer pour trouver des solutions non violentes à leurs problèmes et conflits ? Les réponses qui résultent de ces questions font la différence entre barbarie et civilisation.

Le monde entier connaît la tragédie des multiples guerres et conflits armés qui ont décimé des millions de vies humaines en RDC. Ces conflits armés découragent l'investissement, détruisent les infrastructures, déroutent l'effort de développement, font proliférer les criminalités et l'extrémisme, comme ils détruisent les fondements de la démocratie. Les conflits armés peuvent être prévenus à travers les mécanismes de dialogue et résolution pacifique des différends. Ce que ceux qui s'engagent dans des rébellions et conflits armés en RDC n'ont pas compris et ne comprennent pas, c'est le fait que les viols des filles et femmes, le meurtre des enfants et des vieillards, le pillage des villages et communautés ne sont absolument pas des techniques de guerre qui conduisent à la victoire. Au contraire, ces pratiques appellent à la vengeance et à plus de violence. Ces pratiques révèlent plutôt le degré de barbarie et sauvagerie de ceux-là qui s'y engagent.

C'est urgent que la RDC et les pays de la région développent des techniques de résolution pacifique des conflits, des programmes de réduction de la violence contre les populations civiles pendant les conflits armés, de cadres juridiques pour poursuivre les crimes commis pendant la guerre contre les populations civiles, des programmes pour veiller à la protection des droits de l'homme pendant les conflits armés, ainsi que des programmes de paix et réconciliation après les conflits armés. Il est aussi urgent que la RDC et les pays de la région développent des systèmes d'alerte pour prévenir l'émergence de conflits afin de gérer et planifier la capacité de résoudre rapidement les différends avant que la violence n'éclate. Cet effort doit inclure le développement des techniques pour amener les parties adverses à dialoguer, des techniques pour soutenir les processus de négociation, des techniques pour encourager les populations locales à la résolution des conflits locaux et des mesures nécessaires pour que les responsables d'atrocités pendant les conflits armés soient traduits en justice.

Les organisations professionnelles et non gouvernementales en RDC doivent urgemment s'impliquer et développer des programmes pour éduquer les populations civiles à propos de leurs droits et responsabilités en matière de sécurité, et aussi des programmes pour éduquer les forces armées, polices et services de sécurité sur les normes internationales de protection et des droits des civils pendant les conflits armés, ainsi que la protection des diplomates et étrangers qui sont dans les zones de conflits armés. Ces programmes peuvent aussi inclure des formations techniques et professionnelles, des projets de construction et reconstruction des infrastructures, des projets pratiques de formation entrepreneuriale, etc., afin de donner aux gens l'espoir et la raison de désirer la vie sans conflit, désirer la paix, et améliorer les situations de post-conflit pour éviter des rechutes.

7.3 Arrêter la prolifération des groupes armés et le trafic illégal d'armes

Il y a trop de groupes armés et d'armes en circulation en RDC. Les milices, les rebelles, et les enfant-soldats se comptent par milliers dans ce pays. Nombreux parmi eux sont originaires des pays voisins, mais ils ont occupé des territoires congolais, compromettant ainsi la paix et la stabilité de ce pays. L'effort des Nations unies et des ONG en RDC pour le désarmement et la réintégration des enfant-soldats à la vie civile est louable. Malheureusement, les analystes internationaux ont constaté que le gouvernement et les institutions nationales en RDC ne collaborent ni ne poursuivent agressivement cet effort de désarmement et de réintégration des enfant-soldats à la vie civile. Il est même constaté que les agents du gouvernement en RDC sont impliqués dans les détournements des fonds octroyés par les Nations unies à cette fin de désarmement et réintégration des enfant-soldats. C'est vraiment lamentable. Les enfants-soldats doivent rentrer à l'école et apprendre des métiers pour développer leurs talents d'entrepreneurs et d'innovateurs.

Il s'agit d'initier et de poursuivre énergiquement la coopération militaire entre la RDC et les pays voisins pour créer des programmes qui luttent efficacement contre la prolifération et le trafic illégal des armes dans la région. Ces programmes doivent inclure des réformes réelles en matière de sécurité dans les pays de la région, réformes qui produisent des résultats visibles pour convaincre les populations que leur sécurité est assurée par des personnels professionnels et disciplinés, et que les forces armées, les polices et les agents de sécurité ne sont pas là pour terroriser les populations civiles. Une fois que ces réformes sécuritaires produiront des résultats satisfaisants auprès des populations civiles, celles-ci vont à leur tour avoir confiance dans les systèmes de sécurité en place, et en conséquence les populations civiles n'auront pas besoin de former des milices ou vouloir s'armer pour se protéger contre l'insécurité.

Il s'agit aussi de travailler avec la communauté internationale pour renforcer la collaboration sécuritaire régionale afin de prévenir et arrêter les acquisitions d'armes par les différents groupes hostiles dans la région. Les pays de la région gagneront en expérience et assistance s'ils s'associent à, et soutiennent, l'effort de la communauté internationale pour le contrôle des armes lourdes et légères, le contrôle des armes atomiques et chimiques, le contrôle et l'élimination des armes de destruction massive (ADM), leur production et vente. Il s'agira en outre de soutenir l'effort de la communauté internationale de bloquer ou perturber le financement et le transfert de ces armes, réduire les stocks d'armes et de munitions conventionnelles, contrôler leur prolifération dans les zones en guerre comme la RDC et l'Afrique centrale. Il existe déjà des régimes multilatéraux de contrôle des exports des biens à double usage civil et militaire. La RDC devra collaborer avec ces régimes multilatéraux pour apprendre des techniques et méthodes efficaces pour limiter, voire éliminer, la prolifération des armes illicites dans la région.

8. Partenariat avec la communauté internationale

8.1 Collaboration pour l'efficacité

Les habitants de la RDC sont reconnaissants aux nombreuses agences internationales humanitaires et aux ONG de développement qui les assistent dans leur combat quotidien de survie. Mais, souvent, les activités de ces multiples organisations ne sont pas coordonnées, et parfois sont même contradictoires. La vision pour la renaissance techno-socio-économique en RDC encourage ces organisations à coordonner leurs activités et à partager les informations pour que leurs actions puissent efficacement renforcer les capacités locales. En ce sens, les organisations internationales et locales, y compris les institutions nationales, peuvent mettre sur pied des mécanismes de planification conjointe pour éviter la duplication des projets et le gaspillage des ressources. Il s'agit d'encourager les organisations internationales à collaborer entre elles, et de coordonner avec les organisations locales, pour la formation des personnes locales en vue du développement à long terme. Il s'agit aussi de développer et promouvoir des financements à long terme pour, par exemple, lutter contre la famine, la malaria, le manque d'hygiène dans les habitations citadines et rurales. Un exemple serait de voir les organisations internationales travailler ensemble avec les communautés locales qui ont des taux élevés de malnutrition pour s'assurer qu'après une assistance d'urgence, les enfants souffrant de malnutrition et leurs familles seraient équipés des moyens et compétences nécessaires pour prévenir la rechute, y compris l'accès à des outils et des connaissances qui leur permettraient d'améliorer les rendements des cultures agricoles.

8.2 Culture de répondre aux besoins des autres

Une fois la paix retrouvée, les citoyens congolais pourront se lancer dans le développement de leurs talents et seront en mesure de se passer des dons et du statut d'éternels assistés. Il s'agit d'encourager les gens à développer des initiatives pour aider les villages voisins, les communautés et les villes voisines en cas de désastre, et non pas attendre que l'aide vienne de l'extérieur. Un exemple serait de mobiliser les efforts locaux pour secourir un village ou une ville frappés par l'inondation, la sécheresse ou d'autres calamités naturelles. Si les populations congolaises doivent viser avant tout le développement de leur pays, elles sont aussi appelées à prêter attention aux besoins des autres qui souffrent dans les pays voisins et dans le monde. Un autre exemple serait de contribuer aux efforts des organisations internationales pour secourir les pays voisins qui sont en détresse. Il s'agit d'encourager les organisations locales et nationales de la RDC à s'associer aux organismes internationaux pour secourir les réfugiés, comme ceux du Moyen-Orient qui fuient la guerre chez eux pour s'immigrer en Europe. Il s'agit d'encourager les volontaires nationaux de la RDC à participer aux opérations humanitaires des Nations unies pour la paix et la sécurité à travers le monde.

8.3 Mission des Nations unies pour la paix dans le monde

La RDC elle-même est bénéficiaire de la mission de paix des Nations unies. Les habitants de la RDC sont reconnaissants à l'ONU pour son effort de mettre fin aux guerres en RDC. En 1999, le Conseil de sécurité de l'ONU a adopté la résolution 1279 établissant la mission de l'ONU en RDC, connue par son acronyme français MONUC. En 2000, le Conseil de sécurité a élargi le mandat de la MONUC en adoptant la résolution 1291, qui a chargé les casques bleus de superviser l'accord de cessez-le-feu de Lusaka de 1999. L'ONU a élargi à nouveau le mandat de la mission en 2004 en incluant le chapitre VII de la Charte des Nations unies, permettant à la mission d'utiliser la force pour protéger les civils. En mai 2010, la résolution 1925 a marqué une nouvelle phase pour la mission en changeant le nom de MONUC en Mission de l'Organisation des Nations unies pour la stabilisation en République démocratique du Congo (MONUSCO). En 2011, le Conseil de sécurité des Nations unies a adopté la résolution 1991 qui a exigé que tous les groupes armés cessent toutes les formes de violence et les violations des droits de l'homme. En juin 2012, le Conseil de sécurité a renouvelé le mandat de la MONUSCO en adoptant la résolution 2053, qui a mis l'accent sur la réforme de la sécurité, la consolidation de l'autorité de l'État, et l'éradication de la violence dans les provinces de l'EST de la RDC. En septembre 2012, à la Conférence internationale sur la région des Grands Lacs (CIRGL), les dirigeants de l'Union africaine et des Nations unies ont décidé d'établir immédiatement une force internationale neutre de 4000 hommes dans l'effort d'apporter la stabilité dans la région. En mars 2013, le Conseil de sécurité a adopté la résolution 2098, autorisant une brigade d'intervention avec mandat prolongé jusqu'au 31 Mars, 2014. Le 28 mars 2014, le Conseil de sécurité a adopté la résolution 2147 de proroger l'autorisation jusqu'en mars 2015, et a décidé que le mandat renouvelé inclurait également l'intervention de la brigade de la MONUSCO – « à titre exceptionnel et sans créer un précédent ou un quelconque préjudice ». La force actuelle de la mission, en date du 31 mai 2014, comprend un total de 21,166 personnels en uniforme, avec 2,964 membres du personnel civil local, et 523 volontaires des Nations unies. En mars 2016, le Conseil de sécurité de Nations unies a de nouveau renouvelé le mandat de MONUSCO pour une année.

Vue cette longue histoire récente d'assistance des Nations unies à la RDC, qui n'est pas la première assistance des Nations unies à la RDC, il est tout à fait normal d'encourager les organisations locales et nationales de la RDC à ouvrir les yeux sur les fléaux dans le monde, à regarder au-delà des frontières nationales de la RDC afin de se joindre aux missions humanitaires de l'ONU qui protègent les civils touchés par les conflits et les catastrophes dans le monde. Il s'agit aussi pour les organisations locales et nationales en RDC d'appliquer les principes de l'ONU pour protéger les gens qui sont sujets aux préjudices de toutes sortes, sujets aux persécutions, exploitations, abus, à la malnutrition ou aux maladies. Les populations congolaises doivent combattre les trafics de filles mineures, combattre la violence sexuelle et d'autres menaces qui détruisent la dignité humaine. Les organisations locales de la RDC doivent veiller à ce que les individus vulnérables parmi eux et autour d'eux et loin d'eux soient respectés, et leurs droits protégés en accord avec les lois de l'ONU. La maturité des citoyens congolais se mesurera aussi par leur capacité à contribuer en biens, en services, et à envoyer des secouristes rejoindre les missions de l'ONU pour des millions de réfugiés et de personnes déplacées à travers le monde.

9. Le partenariat qui fait défaut

Les populations congolaises désirent voir leur gouvernement et heurs institutions nationales faire montre de vision et de moral requis pour être partenaires vrais, honnêtes et dignes de confiance pour travailler avec la communauté internationale. C'est ce qui manque en RDC. L'effort des Nations unies (MONUSCO), des États-Unis d'Amérique, de l'Union européenne, et des ONG internationales pour la paix et la sécurité en RDC n'aboutit pas aux résultats escomptés justement par manque de partenaires capables et crédible en termes de gouvernement et d'institutions nationales.

La communauté internationale sait très bien que l'assistance et les aides humanitaires qui vont en RDC sont généralement mal gérées et souvent détournées par les membres du gouvernement et des institutions nationales. Les aides n'arrivent souvent pas chez les populations souffrantes qui devraient en bénéficier. Les financements octroyés pour des projets spécifiques disparaissent souvent sans que les projets en question soient réalisés, ou juste une mascarade de réalisation est faite pour camoufler les détournements. Qui sont les auteurs de ces détournements ? Ce sont ceux-là mêmes qui devraient veiller à ce que les aides et financements soient utilisés à des fins auxquelles ils sont destinés. Les faits démontrent sans équivoque que les dirigeants et les animateurs des institutions nationales en RDC n'ont pas la volonté, la détermination ou la capacité de poursuivre et traduire en justice les auteurs de ces détournements ; car eux-mêmes en reçoivent des pourcentages.

Voilà pourquoi, jusque-là, l'effort de la communauté internationale pour la paix et la sécurité en RDC demeure un effort unilatéral, de l'extérieur, sans partenaires crédibles, honnêtes, et engagés sur le terrain, capables de conjuguer et coordonner les efforts avec la communauté internationale afin d'obtenir les résultats escomptés. Que celui ou celle qui conteste ce constat démontre le contraire !

Voilà pourquoi la priorité des priorités pour la renaissance techno-socio-économique en RDC, c'est que les habitants de la RDC arrivent à doter le gouvernement et les institutions nationales de la RDC d'hommes et de femmes crédibles, compétents et honnêtes. Ainsi, il y aura sur le terrain des institutions et dirigeants compétents, déterminés, courageux, sérieux et capables de collaborer efficacement avec la communauté internationale dans les multiples initiatives et efforts pour ramener la paix et la stabilité en RDC. Il s'agit donc de créer un environnement collaboratif favorable au développement et au renforcement des capacités locales. Cet environnement permettra aux populations locales, aux sociétés civiles et secteur privé de devenir moteur du développement sociopolitique et économique, en créant des entreprises, des usines et manufactures, des produits semi-finis et finis, etc., et toutes les infrastructures modernes qui amélioreront les conditions de vie des populations congolaises et de la région.

10. On reconnaît l'arbre à ses fruits

On reconnaît le type de dirigeants d'une société par ce que cette société est. En corollaire, une société vaut ce que ses dirigeants valent. Les guerres, les violences, les abus, et le sous-développement en RDC révèlent beaucoup de la médiocrité des dirigeants et leaders du pays. Qui d'autre les dirigeants et le gouvernement congolais pourront blâmer comme responsables du sous-développement, du chaos, de la violence et de la pauvreté dans ce pays ? Tout le monde s'étonne de voir qu'un pays comme la RDC, pourvu de richesses naturelles énormes, avec des habitants talentueux, se retrouve dans des conditions de guerres et conflits armés sans fin. Les dirigeants et acteurs politiques de la RDC, au lieu de résoudre les problèmes sérieux de la RDC, se lancent et perdent leur temps dans des rhétoriques politiques inutiles et des exercices administratifs futiles. Quel apport au développement viendra de la RDC du fait de changer des cartes d'identité, du fait de faire des recensements, du fait de changer le drapeau du pays, du fait de changer l'hymne national, du fait de modifier la constitution du pays à des fins politiques illégitimes, du fait d'organiser des conférences nationales ou dialogues politiques nationaux à des fins politiques illégitimes, etc. ? Mais, dans l'entretemps, il y a des problèmes sérieux au pays auxquels les dirigeants et acteurs politiques devraient s'attaquer pour trouver des solutions, mais ils ne le font pas. Ces problèmes incluent, à titre d'exemple, les infrastructures socio-économiques qui sont en ruine ; les villages et les milieux ruraux qui sont isolés les uns des autres par manque de voies et moyens de transport et de communication ; les systèmes d'éducation et de santé qui sont des désastres ; la justice qui se vend à celui ou à celle qui paie le plus ; les fonctionnaires de l'État qui sont impayés, mal payés, pas payés à temps et demandent de pots-de-vin pour exercer leur fonction ; les soldats, les policiers et les forces de sécurité mal formés, sous-équipés, et mal payés irrégulièrement, et qui terrorisent les civils et ravissent par la force les biens des populations civiles pour en vivre et faire vivre leurs familles, etc.

La vision pour l'avènement d'une société nouvelle en RDC commence, et doit commencer, par le rôle des dirigeants politiques. Il ne peut y avoir amélioration des conditions de vie des citoyens si le pays n'est pas doté de dirigeants et leaders compétents, crédibles et honnêtes. Tout au long de l'histoire, que ce soit pour abolir les normes sociales injustes, surmonter les maux sociaux, moderniser la vie des populations, arrêter les guerres, etc., le changement social positif a toujours été possible grâce au rôle crucial des leaders ou dirigeants. Quand il faut mobiliser les masses, conscientiser et motiver les gens vers un objectif commun, motiver les gens à réaliser quelque chose de grand, de bien et de beau pour le pays, il faut un leader, un dirigeant, un groupe de dirigeants qui inspirent les masses par leurs propres vies d'honnêteté, de bienveillance, de justice, de clarté, bref, de probité morale, et ainsi gagner la confiance des gens pour entreprendre et réaliser de nobles projets de société pour le pays et pour l'intérêt de tous.

CONCLUSION

Peuple congolais et d'Afrique, ouvrez votre cœur et embrassez le message inspiré par Patrice Lumumba et Nelson Mandela. C'est un appel direct à l'action qui vous est adressé. Maintenant, vous comprenez pourquoi vous croupissez dans la pauvreté et la misère. Vous comprenez pourquoi la RDC, qui est parmi les pays les plus riches du monde en ressources naturelles, est en réalité parmi les pays les moins développés et les plus pauvres du monde. Il y a tellement de chose à faire, d'entreprises à créer, d'inventions à réaliser, et de richesses à créer que le monde entier qui observe la RDC se demande : « qu'est-ce que ces Congolais sont en train de faire ? Que font les dirigeants et acteurs politiques de ce pays si riche ? Pourquoi la guerre et des violences continuelles en RDC alors que les habitants de ce riche pays devraient s'impliquer dans le développement de technologies et d'industries pour assurer leur bien-être, émerger et faire émerger l'Afrique ? »

Classe politique, dirigeants et leaders de la RDC, il ne sert à rien de gagner tout l'univers si l'on perd son être et son âme dans le processus. Vous savez que c'est à vous, mais non à personne d'autre, qu'incombe la responsabilité de la réussite et de l'échec de la RDC. Et vous savez aussi très bien que c'est sous votre direction que la RDC se retrouve parmi les pays les plus misérables du monde malgré ses richesses naturelles et humaines. Convertissez-vous, changez vos cœurs et comportements, et vous serez sauvés. L'heure de la renaissance techno-socio-économique en RDC a sonné, et toute tentative de bloquer cette renaissance qui a mis des années pour se former sera balayée par le mouvement de l'histoire. Apprenez de l'histoire et soyez sages. Votre peuple et vous-mêmes, les organisations non gouvernementales tant nationales qu'internationales, tous sont bien informés de vos politiques de ventre ; c'est en fait le monde entier qui connaît vos jeux et manigances qui ne vous honorent pas, mais plutôt dévoilent votre façade rapace, votre malhonnêteté, votre hypocrisie, et votre manque de sérieux.

Peuple d'Afrique, l'heure a sonné pour doter votre pays de nouveaux leaders qui vont apporter des idées nouvelles, gouverner avec transparence et équité, et ainsi faciliter la renaissance techno-socio-économique sur le continent. Vous avez marché nuitamment pendant des décennies. Le jour se lève maintenant et la lumière vient. Ne laissez pas passer ce jour qui se lève pour entrer dans une autre très longue nuit.

La vision présentée dans ce livre conduit à l'avènement d'une ère nouvelle, d'une société nouvelle comme résultat ou conséquence de la renaissance techno-socio-économique. Cette vision montre comment réhabiliter les villages, les milieux ruraux et urbains, les provinces, afin que les gens puissent par les travaux de leurs mains pouvoir à leurs besoins dans la dignité et dans le respect mutuel. Cette vision montre comment stimuler les connaissances et capacités des habitants des villages, milieux ruraux et urbains afin qu'ils soient en mesure de se faire des latrines propres, se doter d'eau potable saine et propre, et se construire des maisons décentes et propres adaptées au climat et à l'environnement du milieu.

Il faut mettre sur pied et promouvoir des programmes pour la formation d'électriciens et techniciens au niveau des villages, milieux ruraux et urbains pour qu'ils puissent résoudre les problèmes d'électricité. Car, malgré l'abondance de ressources d'énergie, il manque des compétences pour inventer et fabriquer des outils et méthodes de production et distribution d'électricité. Il manque des compétences pour promouvoir la formation d'ingénieurs praticiens ; il manque des compétences pour créer des entreprises en vue de transformer les matières premières en produits finis ou semi-finis ; il manque des compétences pour fabriquer des ordinateurs, des téléphones, des appareils photographiques, des panneaux solaires, des appareils électroménagers, des pièces de rechange de voitures et d'avions et pourquoi pas fabriquer des voitures et des avions sur place ? Les pays africains possèdent toutes les matières premières utilisées pour la fabrication de ces produits finis, et regorgent de jeunes talents qui peuvent développer les connaissances et compétences nécessaires pour fabriquer ces mêmes produits finis sur place. Malheureusement, ceux et celles qui ont la responsabilité d'investir dans cette jeunesse détournent les fonds destinés à ces programmes pour leurs intérêts personnels. Comment la jeunesse africaine peut-elle arriver à développer ses talents et sa créativité, créer des entreprises pour faire des chemins de fer et locomotives, tracer des routes, construire des ports et aéroports, etc. ? Comment les jeunes de la RDC et d'Afrique peuvent-ils devenir des médecins praticiens généralistes et spécialistes, des pharmaciens, pour développer des techniques médicales et des médicaments à base des ressources naturelles locales abondantes ?

La vision présentée dans ce livre montre comment développer ces programmes de formation pour les jeunes de la RDC et d'Afrique ; comment collaborer avec la communauté internationale pour former une armée nationale moderne faite d'ingénieurs, de médecins, pompiers, pilotes, génies de guerre, spécialistes en électronique, etc., une armée moderne qui va contribuer à la paix en RDC, en Afrique et dans le monde.

Voici en quelques lignes le résultat escompté de la mise en pratique de la vision présentée dans ce livre : ce sera le miracle techno-socio-économique en RDC et en Afrique.

• Les guerres deviendront indésirables dans la mesure où la créativité et l'esprit d'entreprise des citoyens congolais vont rapidement se développer ; les gens vont créer des richesses, développer un style de vie digne et heureuse ; le désir de paix et de stabilité va s'imposer et éliminer les tendances de guerres destructives et improductives.

• La déforestation accélérée en RDC va se ralentir et s'arrêter, et la forêt de la RDC va jouer efficacement son rôle dans l'absorption du dioxyde de carbone pour protéger et sauver notre planète des effets négatifs de la pollution et du changement climatique.

• La RDC va développer son énorme potentiel en plantes médicinales pour guérir la plupart des maladies du monde.

• La RDC développera ses abondantes ressources d'énergies renouvelables pour fournir de l'énergie propre à la plupart des pays d'Afrique et contribuer ainsi à réduire la pollution mondiale.

• La RDC va développer le système de transport vert et intelligent, et ainsi réduire la pollution mondiale.

• La RDC va s'engager dans l'industrialisation sans pollution. Les technologies, les manufactures et usines, ainsi que les services publics en RDC vont devenir « verts », sans pollution, ce qui est bon pour notre planète.

• La RDC va développer une agriculture rationnelle durable et produire suffisamment de cultures pour nourrir ses habitants et l'Afrique, et ainsi contribuer à réduire la faim dans le monde.

• La RDC sera stable et pacifique, elle attirera des investissements de partout dans le monde. Le pays va croître, produire et exporter des marchandises, des services, des énergies propres et des technologies vertes, sans pollution, partout dans le monde. La RDC deviendra vraiment démocratique et moteur de développement de la région, du continent, et stimuler l'économie mondiale.

BIBLIOGRAPHIE

1. Le premier chapitre est entièrement basé sur "Nelson Mandela in His Words – Excerpts of Speeches, 1961-2008" (www.un.org/en/events/mandeladay/pdfs/Mandela In his words).

2. Alain, Patrick, *The Impact Of a Good Leader and Good Leadership In Society*, Jan 21, 2012 (http://www.industryleadersmagazine.com/the-impact-of-a-good-leader-and-good-leadership-in-society/).

3. Arieff, Alexis, *Democratic Republic of Congo: Background and U.S. Policy*, Congressional Research Service, 2014.

4. Arnould, Valerie, *The Politics of Transitional Justice and Peacebuilding: The Case of the Democratic Republic of the Congo*, (Law, Conflict and International Relations), Routledge, 2015.

5. Ayittey, G.B.N., "*Economic Impact of Africa's Conflicts*", The 8th Annual African Studies Coalition Conference, University of California, Sacramento, CA, May 2-5, 1999 (http://freeafrica.org/wp-content/uploads/2014/02/ECONOMIC-IMPACT-OF-AFRICA.pdf).

6. Baaz, Maria Eriksson, and Stern, Maria, *Sexual Violence as a Weapon of War?: Perceptions, Prescriptions, Problems in the Congo and Beyond*, (Africa Now), Zed Books. May 9, 2013.

7. Blumenthal, M., "*African Natural Plant Products: A Foreword to the Science and Challenges*", December 20, 2009 (http://pubs.acs.org/doi/pdf/10.1021/bk-2009-1021.ch001).

8. CIA and U.S. State Department, *Democratic Republic of the Congo Country Studies: A brief, Comprehensive Study of Democratic Republic of the Congo*, Zay's Place, 2012.

9. "*Congolese Vote Marred by Violence, Allegations of Fraud,*" Voice of America. (http://www.voanews.com/content/polls-open-in-drc-elections-134576843/148841.html).

10. Dagne, Ted, *The Democratic Republic of Congo: Background and Current Developments*, Congressional Research Services, September 1, 2011, (www.crs.gov, R40108).

11. Deibert, Michael, *The Democratic Republic of Congo: Between Hope and Despair*, (African Arguments), Zed Books, 1st edition, 2013.

12. Feingold, Russell D., *Sustained American Attention to the Great Lakes Region of Africa*, Remarks at U.S. Institute of Peace, Washington, DC, February 24, 2015. (http://www.state.gov/s/greatlakes_drc/releases/2015/240838.htm)

13. Fleshman, M., "*Saving Africa's forests, the 'lungs of the world': Forest conservation can help counter climate change*", Aftrica Renewal, January 2008. (http://www.un.org/africarenewal/magazine/january-2008/saving-africa).

14. « *FY 2014-2018 Strategic Plan* », U.S. Department of Commerce (http://www.commerce.gov/sites/default/files/documents/2014/march/doc_fy2014-2018_strategic_plan.pdf).

15. « FY 2007-2012 *Department of State and USAID Strategic Plan* » (http://www.state.gov/s/d/rm/rls/dosstrat/2007/index.htm).

16. Gordon, Gerald L., *Strategic Planning for Local Government* , ICMA Press, 2 edition , 2013.

17. http://cropandsoil.oregonstate.edu/content/why-study-soils.

18. http://www.betterworldcampaign.org/un-peacekeeping/missions/democratic-republic-of-congo.html.

19. http://www.cato.org/publications/commentary/human-progress-not-inevitable-uneven-indisputable.

20. http://www.globalhumanitarianassistance.org/countryprofile/ democratic-republic-of-congo#tab-donors.

21. http://www.greenpeace.org/international/en/campaigns/forests/africa/

22. http://www.idira.org.

23. http://www.migrationdrc.org/publications/briefing_papers/BP19.pdf.

24. http://www.newsaboutcongo.com/2009/03/congo-with-24-trillion-in-mineral-wealth-but-still-poor.html.

25. http://pulitzercenter.org/reporting/democratic-republic-congo-ngo-international-aid-poverty-healthcare.

26. http://www.usaid.gov/crisis/democratic-republic-of-the-congo.

27. Kemp, Roger L., *Strategic Planning for Local Government: A Handbook for Officials and Citizens*, McFarland & Company, 2008.

28. Nzongola-Ntalaja, Georges, *Patrice Lumumba* (Ohio Short Histories of Africa), Ohio University Press, November 3, 2014.

29. Péléket, Jean-Bosco, *Afrique où vas-tu ? Chronique d'une Esperance*, Elzévir, Paris, 2008.

30. Remarks by Secretary Kerry at the United Nations Security Council Ministerial on the Great Lakes, July 25, 2013 (http://usun.state.gov/briefing/statements/212450.htm).

31. « *Renewable Energy Potential in Democratic Republic of Congo* », Excerpt from Country Energy Profile of *Democratic Republic of Congo* on reegle.info (http://www.afribiz.info/content/2013/renewable-energy-potential-in-democratic-republic-of-congo-2).

32. Stearns, Jason, *Dancing in the Glory of Monsters: The Collapse of the Congo and the Great War of Africa*, Public Affairs, Reprint edition, 2012.

33. Tongele, N. , *From Congo to Zaire to Congo: Challenges and Prospects for the 21st Century*, Transnational Printing Services, North Highland, CA, USA, 1997.

34. United Nation Security Council, *Security Council Condemns Illegal Exploitation of Democratic Republic of Congo's Natural Resources*, Security Council Press Release, 3 May 2001.

35. "*U.S. Policy Toward Post Election DRC*", Congress of the United States, House of Representatives, Africa, Global Health and Human Rights Sub Committee, February 2, 2012.

36. Zeilig, Leo, *Lumumba: Africa's Lost Leader* (Life & Times), Haus Publishing, 2nd Edition, March 15, 2015.

Achevé d'imprimer par Corlet Numérique - 14110 Condé-sur-Noireau
N° d'Imprimeur : 132529 - Dépôt légal : octobre 2016 - *Imprimé en France*

www.ingramcontent.com/pod-product-compliance
Lightning Source LLC
LaVergne TN
LVHW021230061026
849535LV00008B/3005